民國文化與文學_{研究}文叢

初 編

李 怡 主編

第 7 冊

「文化古城」與「京派」詩歌（下）

張潔宇 著

國家圖書館出版品預行編目資料

「文化古城」與「京派」詩歌(下)／張潔宇 著 -- 初版 -- 新北市：
花木蘭文化出版社，2012〔民 101〕
目 2+154 面；19×26 公分
（民國文化與文學研究文叢 初編；第 7 冊）
ISBN：978-986-254-884-4（精裝）
1. 當代詩歌　2. 詩評
541.26208　　　　　　　　　　　　　　　　　101012597

ISBN-978-986-254-884-4

9 789862 548844

民國文化與文學研究文叢
初　編　第七冊
ISBN：978-986-254-884-4

「文化古城」與「京派」詩歌（下）

作　　者	張潔宇
主　　編	李　怡
企　　劃	北京師範大學民國歷史文化與文學研究中心（籌）
	四川大學民國文學暨海外漢學研究中心（籌）
	現代中國文化與文學研究中心
總 編 輯	杜潔祥
印　　刷	普羅文化出版廣告事業
出　　版	花木蘭文化出版社
發 行 人	高小娟
聯絡地址	新北市永和區中正路五九五號七樓
	電話：02-2923-1455／傳真：02-2923-1452
網　　址	http://www.huamulan.tw 信箱 sut81518@gmail.com
初　　版	2012 年 9 月
定　　價	初編 18 冊（精裝）新台幣 30,000 元

「文化古城」與「京派」詩歌（下）

張潔宇　著

目
次

第五章　寂寞的沉思──「前線詩人」的心態與「自我」形象

　　所謂「心態」，是一個範圍廣泛內容複雜的概念。它是一種心理的狀態，包括人們對外部世界的認識和對自我生命的體驗。可以說，人的一切思想情緒和精神活動都與「心態」相關。這樣，它也自然影響甚至決定著詩人的創作過程和審美活動。

　　1930 年代北平「前線詩人」的美學觀念和藝術風格的形成與發展，與詩人們當時的心態有著密切的關係。即如前文討論過的「古城」意象的創造、「晚唐詩熱」的提倡，以及「純詩」觀念的追求等等，其實都是「前線詩人」對社會現實、歷史文化、文學審美等方面的認知與態度的體現，換句話說，這些文學現像是在一些具體問題上反映了他們的「心態」。因此，考察北平「前線詩人」的詩歌藝術世界，也有必要深入剖析他們的心態，這與討論他們的外部文化環境、分析他們的詩歌美學主張同樣重要。甚至，與其他方面的內容相比，對詩人心態的研究還是一個更感性，更引人入勝的問題，因而也更值得關注。

　　詩人心態外射的重要形式之一，即其在作品中有意無意塑造的「自我」形象。當然，詩歌的任務並不是塑造「形象」，但它卻能最近切地深入詩人的心靈。而且，由於「詩人畢竟不是哲學家，思想的表達，總是通過形象，又往往和感受分不開。」〔註1〕所以，分析詩人作品中那些若隱若現著他們自己

────────────────────
〔註 1〕 張曼儀：《「當一個年輕人在荒街上沉思」──試論卞之琳早期新詩（1930～1937）》，《卞之琳與詩藝術》袁可嘉、杜運燮、巫寧坤主編，河北教育出版社，

身影的形象，也就是在諦聽他們內心深處的聲音。例如，李廣田筆下的「地之子」〔註2〕、卞之琳筆下的「荒街上的沉思者」〔註3〕等「自我」的形象，就典型地體現了這一詩人群體的一些共同心態。

此外，深入「前線詩人」的內心世界，也是從另一側面探討1930年代北平的城市文化性格。正如本雅明所說，「大城市並不在那些由它造就的人群中的人身上得到表現，相反，卻是在那些穿過城市，迷失在自己的思緒中的人那裡被揭示出來。」〔註4〕也就是說，只有那些具有客觀的視角、超越的立場，並保持獨立品格的人，才能在審視、思考甚至批判中揭示出一個城市或一種文化的精神真髓。那些「在荒街上沉思」的「地之子」們即是如此，他們穿過城市、穿越歷史，見證和反思著這座「古城」及其所代表的民族國家的性格與命運。分析他們的心態和「自我」形象，本身就是理解他們的精神世界和文學世界的重要途徑，同時，也可以獲得對這一特定時空文化環境的更深入的理解。

第一節 城市街頭的「鄉下人」與「地之子」

一

在「前線詩人」中，真正土生土長的北京人為數極少〔註5〕。他們絕大多數都是以求職求學的方式從各地彙聚到這個「文化古城」——特別是大學校園——中來的。換句話說，他們對北平的選擇也就是一種「文化」的選擇，這種方式決定了他們面對北平這座城市時的獨特視角與立場。

一方面，他們以「外來者」的姿態觀察和審視著北平，相對客觀地對北平城市性格及其所代表的民族傳統文化進行著反思與批判；另一方面，他們為北平獨特的歷史文化內涵所吸引，在精神和情感上依賴和眷戀著北平。這種包含了理性的批判與感情的依戀兩個層面的複雜情感和獨特體認，即為造就「前線詩人」特殊心態的重要的背景與基礎。

1990年。

〔註2〕 見李廣田：《地之子》。

〔註3〕 見卞之琳：《幾個人》。

〔註4〕 本雅明：《發達資本主義時代的抒情詩人》第6頁，三聯書店，1989年。

〔註5〕 本書所涉及的詩人、作家中，僅有林庚與蕭乾是從小生長於北京的。

　　作爲「外來者」，很多詩人並不是來自另一座城市，而是來自一個完全不同的文化環境──鄉土農村。城鄉之間巨大的文化差異無疑影響著他們獨特心態的形成。從鄉村到城市，這固然體現了詩人們的一種文化取捨，但並不等於說明他們就完全背離了鄉村文化而認同了城市文化。事實恰好相反，詩人們不僅沒有徹底皈依城市文化，而且，還在城市生活中有意保持了「鄉下人」的情感與思維方式，在我看來，這種姿態本身就蘊含著深刻的文化意味。

　　1933 年春，初涉詩壇的李廣田創作了這首後來被公認爲其代表作的《地之子》：

<blockquote>
我是生自土中，
來自田間的，
這大地，我的母親，
我對她有著作爲人子的深情。
我愛著這地面上的沙壤，濕軟軟的，
我的襁褓；
更愛著綠絨絨的田禾，野草，
保母的懷抱。
我願安息在這土地上，
在這人類的田野裏生長，
生長又死亡。
我在地上，
昂了首，望著天上。
望著白的雲，
彩色的虹，
也望著碧藍的晴空。
但我的腳卻永踏著土地，
我永嗅著人間的土的氣息。
我無心於住在天國裏，
因爲住在天國時
便失掉了天國，
且失掉了我的母親，這土地。
</blockquote>

「地之子」就是這樣一個對土地有著「作爲人子的深情」，願意「永踏著土地」、

「永嗅著人間的土的氣息」而「無心於住在天國」的形象。

這個形象顯然是具有一定象徵意味的。詩人表達的不僅是對真實的鄉土家園的依戀和讚美，同時，也象徵性地傳達出一種對傳統趣味的眷戀、對淳樸生活方式的認同，以及對現實人生執著忠實的樸素感情。

《地之子》也許算不上一首佳作（更確切一點說，它在感覺方式與傳達方式上甚至都算不上一首真正的「現代派」詩），它的價值倒更在於它揭示出了這批城居的「前線詩人」們眷戀鄉土的典型心態。可以說，「地之子」形象的出現第一次為這種心態貼上了一個醒目的標籤。

這種心態和形象一直貫穿於李廣田本人的創作中，雖然他後來很少寫詩，但這種鄉土情結仍在他的散文作品中得到延續。他時常懷戀故鄉的一草一木，甚至一聲布穀鳥的啼鳴也能把他帶回故鄉。他說：「在大城市裏，是不常聽到這種鳥聲的，但偶一聽到，我就立刻被帶到了故鄉的桃園去，而且這極簡單卻又最能表現出孩子的快樂的歌唱，也同時很清脆地響在我的耳朵裏。」〔註6〕

當然，最能表達李廣田的這種心態的，還是他在《〈畫廊集〉題記》中寫下的一段話：

> 我是一個鄉下人，我愛鄉間，並愛住在鄉間的人們。就是現在，雖然在這座大城裏住過幾年了，我幾乎還是像一個鄉下人一樣生活著，思想著，假如我所寫的東西里尚未能脫除那點鄉下氣，那也許就是當然的事件吧。〔註7〕

很顯然，「像一個鄉下人一樣」生活和思想，並把「鄉下氣」反映在文學創作中，這是李廣田將自己定位於「地之子」的理由和情感依託。他強調的是自己獨立於城市文化之外的生活方式、思維方式，以及文學的表達方式。在我看來，這種表白已經超出了一般意義上的思鄉情緒，而趨向於一種文化心態的自白。

事實上，這種「鄉下人」姿態在1930年代的北平詩壇上是具有一定代表性的。它不僅通過詩歌的形式呈現，而且還從他們的散文、小說、雜記，甚至文學批評中處處流露出來。

比如，李健吾在評論李廣田的詩文時，開篇即說：

> 我先得承認我是個鄉下孩子，然而七錯八錯，不知怎麼，卻總呼吸

〔註6〕 李廣田：《桃園雜記》，《李廣田——〈中國現代作家選集〉叢書》第20頁，
人民文學出版社‧三聯書店香港分店，1984年。

〔註7〕 李廣田：《〈畫廊集〉題記》，《益世報‧文學》第3期，1935年3月20日。

著都市的煙氛。身子落在柏油馬路上，眼睛接觸著光怪陸離的現代，

我這沾滿了黑星星的心，每當夜闌人靜，不由向往綠的草，綠的河，

綠的樹和綠的茅舍。〔註8〕

引起李健吾共鳴的，不僅是李廣田詩文中所體現出來的「淳樸的人生」和「素樸的詩的靜美」，更是那種身在城市心向鄉土的情懷。這是一種文化趣味與審美心理的共鳴，他們同樣對「都市的煙氛」和「光怪陸離的現代」城市環境有所隔閡，同樣傾向於鄉土氛圍所代表的傳統文化精神。

與李廣田、李健吾一樣，廢名、何其芳等人也以各自不同的方式傳達著自己對「精神鄉土」的懷戀。

之所以稱之爲「精神鄉土」，是因爲在詩人們的心中和筆下，鄉土農村已經被詩化地處理成爲一種帶有明顯象徵意義的喻體。它象徵著人性的純粹、審美的和諧、心靈的淳淨、生命的健碩……。這一切，在廢名、何其芳等人的詩歌、散文、小說中都隨處可見。他們以純美的詩意的筆調描寫「農村寂靜的美」與「平凡的人性的美」，構築「最純粹的農村散文詩」〔註9〕。他們當然不是在簡單地抒發鄉情，而是藉此傳達自己的文化取向，即如何其芳自己所解釋的：「若說是懷鄉倒未必，我底思想空靈得並不落於實地」〔註10〕。

相比之下，最明白地強調自己的「鄉下人」立場與心態，同時有意「用『鄉情』對抗『城市文化』」〔註11〕的，是沈從文。有研究者指出：

在沈從文幾十年的城市生涯中，他念念不忘甚至可以說是喋喋不休地宣稱自己是「鄉下人」。「鄉下人」的概念不僅僅是沈從文的一種自我評價，同時更是他的自我期許，自我設計和自我培養。幾十年間他不斷地構築，不斷地豐富著這種「鄉下人」的世界，於是「鄉下人」世界就不知不覺地成了他的情感、靈感以及人格力量的來源，成了他與城市鬥爭的陣地與堡壘。他對這個世界的依靠程度是如此之深，以至於他不得不對它常常進行有意的誇張。〔註12〕

〔註8〕 李健吾：《〈畫廊集〉──李廣田先生作》，《咀華集》第 183 頁，文化出版社 1936 年。

〔註9〕 沈從文：《論馮文炳》，《沈從文文集》第 11 卷第 97～100 頁，花城出版社、三聯書店香港分店，1984 年。

〔註10〕 何其芳：《岩》，《水星》第 1 卷第 2 期，1934 年 11 月。

〔註11〕 范培松：《論京派散文》，《文學評論》1995 年第 3 期。

〔註12〕 李書磊：《都市的遷徙》第 108 頁，時代文藝出版社，1993 年。

的確，對於塑造「鄉下人」這一自我形象，沈從文確實比其他詩人更為自覺。而且，與「地之子」形象相比，沈從文的「鄉下人」形象似乎更帶有挑戰城市文化的意味。李健吾當時就曾指出：「沈從文先生把——文人——分做鄉下人城里人。他厭惡庸俗的後者，崇拜有朝氣的前者。」〔註13〕

沈從文自己曾說：

> 在都市住上十年，我還是個鄉下人。第一件事，我就永遠不習慣城里人所習慣的道德的愉快，倫理的愉快。……這種「城里人」彷彿細膩，其實庸俗；彷彿和平，其實陰險；彷彿清高，其實鬼祟。……老實說，我討厭這種城里人。〔註14〕

> 我是個鄉下人，走到任何一處照例都帶了一把尺，一把秤，和普通社會總是不合。一切來到我命運中的事事物物，我有我自己的尺寸和分量，來證實生命的價值和意義。我用不著你們名叫「社會」為製定的那個東西，我討厭一般標準，尤其是什麼思想家為扭曲蠹蝕人性而定下的鄉愿蠢事。……這種人從來就是不健康的，哪能夠希望有個健康的人生觀。〔註15〕

顯然，用沈從文的「尺」和「秤」來衡量，城里人是庸俗、陰險、鬼祟的；城市文化中的價值觀、人生觀則是愚蠢病態甚至扭曲人性的。他以這種強烈的對比來傳達自己明顯的褒貶好惡，並且有意識地要以「鄉下人」健康的生命力來療救「墮落」的城市文化。在這一點上，沈從文的文化立場是極為鮮明的。有研究者認為，沈從文是因為初到城市時事業、生活、感情等方面受到挫折，才產生了對抗城市文化的激烈情緒〔註16〕。這當然有一定的道理，但在我看來，這樣的理解未免太「實」。其實，把這種選擇看作是一種文化的心態和取捨，也許更符合當時的現實。也就是說，沈從文的選擇並非完全源自個人經歷或心靈創傷。因為「鄉下人」的心態在北平文人中具有相當的代表性。他們所謂「像鄉下人一樣思考」，其實不僅反映了對城市文化的態度，同時也體現了他們在生活方式和文學趣味上的選擇。

〔註13〕 李健吾：《〈籬下集〉——蕭乾先生作》，《咀華集》第 92 頁。

〔註14〕 沈從文：《〈籬下集〉題記》，《沈從文文集》第 11 卷第 33～34 頁，花城出版社‧三聯書店香港分店，1984 年。

〔註15〕 沈從文：《水雲》，《沈從文文集》第 10 卷第 266 頁。

〔註16〕 參見李書磊：《都市的遷徙》第 98～131 頁，「沈從文：城市幻覺」一章。

二

不可否認，「鄉下人」的心態，從某種意義上說，是一種與城市人、城市生活狀態相對立的心態。但這種對立並不一定是針鋒相對的敵意的對立，而可能更多地表現爲一種基於城鄉文化差異而產生的對城市文化和城市人生活狀態的「反思」。

其實，對城市文化的反思一直是現代主義藝術最感興趣的問題之一。因爲現代主義文學原本就產生於城市，「而且是從波德萊爾開始的──尤其是他發現人群意味著孤獨的時候開始的」。〔註17〕也就是說，現代主義文學藝術是伴隨著個人對城市文化的對抗性反思而產生的。在現代主義者眼中，城市是一個複雜矛盾的客體，它「既是一種新的可能性，又是不眞實的，支離破碎的」，就如同機器所代表的工業文明「既是新奇能量的漩渦，又是破壞性的工具」一樣〔註 18〕。因此，對城市文化的思考、剖析，甚至批判，就成爲了現代主義者理解和反思現代文化的最重要的途徑。

對於個體的思想者或作家來說，城市意味著一個帶有強制性和暴力性的群體，它會對人的個性和天性造成壓迫、扭曲和異化。因此，「反城市」意識一直是西方現代主義思想中的一個重要組成部分，這種意識也與現代主義者的懷疑、批判和斷裂的思想意識與心態密切相關。

例如，波德萊爾筆下的 19 世紀的巴黎，就是這樣一個充滿了妖麗病態的城市。這座城市繁華而又頹廢，妖豔而又陰暗，善與惡、美與醜交織在一起，無法分開。作爲詩人的波德萊爾以極度孤獨、憂鬱而沉重的心情面對著並描繪著這座城市，他內心中的矛盾心情通過其辛辣尖銳的筆觸體現了出來：

> 啊，人潮洶湧的都市，充滿夢幻的都市，
> 鬼魂居然在光天化日之下招引行人！
> 在這強有力的龐然大物的狹窄的河渠裏，
> 神秘居然像樹木的液流一樣四處逡巡。
> 有天早晨，當高樓大廈在愁眉不展的街上
> 因茫茫迷霧而紛紛昂起頭顱，

〔註17〕 G. M. 海德：《城市詩歌》，《現代主義》第 310 頁，上海外語教育出版社，1992年。

〔註 18〕 馬爾科姆·布雷德伯里、詹姆斯·麥克法蘭：《現代主義的名稱和性質》，《現代主義》第 35 頁。

> 遠看好似漲水的河兩邊的堤岸一樣，
>
> 當整個空間彌漫著污濁的黃霧，
>
> 猶如與演員的內心世界十分相像的背景，
>
> 我沿著被重型運貨車所震動的城郊往前走，
>
> 彷彿扮演主角一般繃緊了神經，
>
> 又與早已疲乏不堪的靈魂爭論不休。

在波德萊爾的眼中，巴黎是「滿面愁容」的，尤其是夜晚的巴黎，更充滿著無盡的蠱惑與罪惡：

> 然而危險的魔鬼卻在這種氛圍中
>
> 像商人一樣醒來，蠢蠢而動，
>
> 四處飛奔，敲擋雨披簷，敲百葉窗。
>
> 透過因晚風而搖曳的微光，
>
> 娼妓紛紛走上街頭，
>
> 宛如螞蟻窩打開了出口，
>
> 好像試圖發起突然襲擊的敵人一般，到處
>
> 都開出秘密的道路，
>
> 彷彿偷人的食物的蛀蟲
>
> 在都市的污泥濁水中蠢動。

波德萊爾筆下的巴黎是這樣一個昏暗的、充滿邪惡和詭計的城市，人與人之間的溫情在這裡似乎沒有棲身之地。詩人的批判性立場是鮮明的，而且幾乎是絕對的，他在這座花都的繁華外表下，挖掘出了一個其他人聞所未聞的醜惡「地獄」。

與波德萊爾相比，艾略特更加激烈和徹底地批判著以城市為代表的現代文明。艾略特筆下的倫敦、維也納尤其是滿城魑魅魍魎的地方。人性的喪失使城市宛如一個乾旱得毫無生機的沙漠。波德萊爾筆下的「頹廢」在艾略特那裡已經發展成為「殘忍」，連僅有的一點對美麗的依戀都不復存在。在他的「荒原」意識裏，「反城市」的思想佔據了相當重要的地位。

對中國現代主義詩人來說，波德萊爾、艾略特等人的精神意識一直深深地影響著他們的思想和藝術世界，這種「反城市」意識當然也包含在其中。只不過，中國詩人在吸收和借鑒西方思想藝術時，會依文化背景和現實環境等方面的差異而有所取捨、消化。因此，「前線詩人」對城市的態度與波德萊爾、艾略

特等人的城市文化觀自然也就是有同有異。也就是說，「地之子」的心態和「鄉下人」的自我形像是更符合民族心理，也更貼近詩人的現實生活的。

　　與波德萊爾、艾略特思想相通的是，「前線詩人」的城市文化批判也起源於對現代文明擠壓人性的批判。即如沈從文所說的：

> 我對於城市中人在狹窄庸懦的生活裏產生的作人善惡觀念，不能引起多少興味，一到城市中來生活，弄得憂鬱強執不像一個「人」的感情了。〔註19〕

在沈從文眼裏，鄉土世界中「優美，健康，自然，而又不悖乎人性的人生形式」〔註20〕才是培養和產生一個正常「人」的感情的基礎，而這種自由生長的人生形式恰恰為城市文明所不容，因此，城市文化這一健康自然人性的「天敵」，當然成了沈從文等人大力批判的標的。這一出發點，與西方現代主義者是基本相同的。

　　但另一方面，中國知識份子所繼承的啓蒙理想決定了他們對民族現代化的熱切期待，而工商業城市的發展又往往是這種現代化的最具體的體現。因此，中國詩人對待城市的態度無疑會顯得更為複雜和矛盾。他們一方面從現代啓蒙的立場認同城市化所代表的先進的生產力和現代文明，批判宗法農村所代表的封建文化；而與此同時，當他們在城市內部生活時，他們又會以現代人和獨立知識份子的立場反思城市文明的弊端，反對工業文明對人性的侵蝕，轉而讚美鄉村的淳樸人性。這兩種思想在中國知識份子的心中交織著，構成了他們極為獨特的心態。

　　話題回到1930年代的北平。此時的北平恰恰最能容納這群文人的獨特心態，同時它也最能激發和體現他們心態的複雜性和獨特性。因為，此時的北平本身就是一個具有獨特和複雜的文化性格的城市，它兼具城市與鄉村的雙重文化特色，同時也就涵容了現代的與傳統的兩種文化內涵。因此可以說，北平城市文化的獨特複雜與北平文人心態的獨特複雜正好起到了相輔相成、互動互現的作用。

　　有研究者認為，以沈從文為代表的北平文人對城市的態度有點「矛盾」：「就以他們的本身行動來看，一方面迷『鄉』戀『鄉』，另方面又不願意離開城市文明，『厭城』與『城居』的矛盾也就是他們情感與價值的對立……。」

〔註19〕沈從文：《從文自傳》第56頁，人民文學出版社，1981年。
〔註20〕沈從文：《〈從文小說習作選〉代序》，《沈從文文集》第11卷第45頁。

〔註 21〕而在我看來，這種「矛盾」恰恰是「文化古城」北平造成的，也恰恰只能在這個特殊的城市中得到解決。換句話說，只有在北平這樣一個城市與鄉村的「交叉地帶」，才能平衡和統一「厭城」與「城居」這兩種看似矛盾對立的心態。而這種平衡統一，又正是北平「前線詩人」心態的獨特之處，這種複雜豐富的心態，是上海等其他現代都市的詩人不可能具備的。

一方面，作為文化中心的北平與作為經濟中心的上海很不一樣，上海由於工商業經濟發達，其城鄉差別就必然懸殊。而北平作為「文化古城」，城鄉差距遠遠小於上海，鄉土氣息反而更占上風。因此，「前線詩人」雖是「城居」，但在這裡卻看不到真正「光怪陸離」的現代都市景觀，相反，它獨特的鄉土氣息倒令這些具有「地之子」和「鄉下人」倍感親切。即如老舍所說：

> 是的，北平是個都城，而能有好多自己產生的花，菜，水果，這就使人更接近了自然。從它裏面說，他沒有像倫敦的那些成天冒煙的工廠；從外面說，它緊連著園林，菜圃，與農村。採菊東籬下，在這裡，確是可以悠然見南山的；大概把「南」字變個「西」或「北」，也沒有多少了不得的吧。像我這樣的一個貧寒的人，或者只有在北平能享受一點清福了。〔註22〕

可以說，正是北平的這種特殊環境，不僅消解了「厭城」和「城居」之間的矛盾，而且還使得二者之間產生了奇妙的關聯和融合。同時，也正是這種獨特的文化氛圍和鄉村風貌，才能容納和滿足「地之子」特有的傳統文人趣味。

另一方面，也正是由於 1930 年代北平的現實環境，更加深了詩人作家們的鄉土情懷。林庚後來就曾回憶說：

> 在我的個人經驗中有這麼個印象：《何梅協定》後北京處於半淪陷狀態，北京成了一座失去政治意義的「文化城」、一座軍事上不設防的空城，氣氛異常壓抑，但喚起的是家鄉故土的生命意識而不是絕望的毀滅感。〔註23〕

「半淪陷」的北平，喚起的卻是「家鄉故土的生命意識」，這是一個很值得關注的文化現象。以往很多人在關注北平詩人的鄉土情懷時，更看重那種牧歌式的情調和閒適的心態，但事實上，北平詩人的鄉土抒情中，也潛在著對現

〔註21〕范培松：《論京派散文》，《文學評論》1995 年第 3 期。

〔註22〕老舍：《想北平》，《宇宙風》第 19 期，1936 年 6 月 16 日。

〔註23〕龍清濤：《林庚先生訪談錄》，《詩探索》1995 年第 1 輯。

實生活和內心情感的含蓄的體現。而「家鄉故土的生命意識」其實也是一種調整、一種對現實的對抗，同時更是對民族的一種希望。當然，這種意識的產生，與北平特殊的歷史現實和文化環境是分不開的。

因此必須承認，「前線詩人」的「鄉下人」和「地之子」心態是一個相當獨特同時也非常有趣的文化－文學現象。它突出體現了以「前線詩人」爲代表的北平知識份子對城市與鄉村、現代與傳統的態度與理解。他們在理性上認同城市文化及其所代表的現代化進程，但在情感上，卻又更流露出對傳統的鄉村生活形態的難以割捨。更具體點說，在他們眼中，「城市」這個意味著繁華、富足的經濟形式無疑是「現代」的最形象的代表，它代表著工業文明帶來的財富和機遇，也包含著機械化對人本性的不可見的擠壓。同樣的，「鄉村」這個浪漫主義時代的景象，是悠閒寧靜的古典的象徵，也是農業文明落後愚昧的別稱。因此，城市與鄉村的對立在很多場合都可以被轉化爲現代與傳統的對立。而在現代中國，這兩種對立之間的緊張關係就尤爲鮮明。也因此，在詩人的世界中，這兩種形象被賦予了思想的意義，也是現代知識份子思考家國命運的載體之一。「前線詩人」一面渴望現代文明對傳統文化的改造，一面也警惕著現代化對傳統文化的全面摧毀。這種左右爲難，無疑令他們感到矛盾和痛苦，這樣的複雜心情在駱方的《兩世界底中間》〔註24〕中最明確地表現了出來：

> 我不能忍受
> 蒸氣引擎底飛輪咆哮著
> 要突破鐵的窗檻
> 威脅顫動在煤煙裏的稻禾，青菜。
> 我不能忍受
> 斑虎底眼睛似的年紅燈
> 兇狠地窺視
> 蹲伏在草叢裏的茅屋
> 煤油火旁兩個老農
> 指手劃腳地談講千年前的故事，
> 側著耳聽聽機械與蟋蟀底合奏
> 在心底跳著原始人舞。

〔註24〕見《水星》第 1 卷第 1 期，1934 年 10 月。

......

林立在天空裏的
煙囪裏的黑煙
沖散茅屋頂上晚炊底白煙，
在天邊砌成一道高牆
緊圍著被炎陽漂白了的田野。
上帝披著黑袈裟
站在蔚藍的天心——

聾了耳，又瞎了眼。
哦，聽！
紡織娘在矮林裏
低詠著戀歌
循著工廠裏的乏氣
指揮著機械的豪壯的旋律。
草葉底香，流水底香，
機械油底香，電氣底香——

我吸著，心裏充滿感激：
朋友！來啊！
來瞧瞧這些線條底美麗的圖案！
來聽取這和諧的，優美的交響樂！
來到兩世界底中間！
我不能忍受
狂笑與哀號在耳中隆隆——

默默地
咽下眼淚
站在兩世界底中間。

「站在兩世界底中間」，實際上就是站在城市與鄉村、「傳統」與「現代」之間。詩人一方面留戀他所熟悉的鄉村的恬靜與原始美，不願接受城市文明對其造成的侵略和破壞；但與此同時，作爲現代知識份子，詩人明白鄉土世界所意味著的愚昧和落後，「現代化」的渴望，又讓他們難以爲情。因此，在「狂

笑與哀號」之間，詩人只能「默默咽下眼淚」。可以說，這種心態具有極爲深刻的代表性，它代表的其實正是人類在從傳統走向現代時所必經的陣痛。

很顯然，「前線詩人」對城市文化的反思，不同於波德萊爾、艾略特等西方現代主義者那種對城市文化及現代工業文明的徹底否定。同時，他們的這種心態，也與 1920 年代北京的「僑寓文學」不同。1920 年代的「僑寓」作家祇是「在北京用筆寫出他的胸臆」而已，「僑寓的祇是作者自己，卻不是這作者所寫的文章，因此也只見隱現著鄉愁」〔註25〕。他們是「站在城市的立場上批判鄉村，因而獲得的是黑暗、封閉、愚昧的鄉村視野」〔註26〕。而具體到北京這個城市，祇是爲他們提供了一個「城市的」或「現代的」視角和立場，完全沒有成爲文學形象進入他們的創作當中。

而 1930 年代北平「前線詩人」則面對不同的時代環境和文化視野，他們不再從啓蒙思想的角度出發，以現代文明來療救宗法農村的愚昧落後。相反，他們是「站在批判城市的立場上想像農村，因而創造了充滿美感的鄉野畫面」〔註27〕。他們對鄉村世界抱有審美意義上的欣賞，因此他們自然而然地運用詩意的想像把鄉村世界的人情風物淨化、純化了一番。鄉村因而成爲一種象徵，象徵著人性純良寧謐的原始美麗，並以此與城市所代表的人性的異化相對抗。或者說，如果城市生活代表的是一種成年人在無奈生活重壓下的流浪狀態，而鄉村就因其伴隨童年的無拘無束的心態而代表著童心的回歸和「人之初」的原始狀態。可以說，1930 年代北平的「地之子」與 1920 年代北京「僑寓作家」的心態，體現了完全不同的思想特質和文化內涵。

以「前線詩人」爲代表的北平文人出現「地之子」、「鄉下人」這樣的特殊心態，不僅與他們自身穿越城鄉的個人經歷密切相關，同時也與 1930 年代北平獨特的文化環境有關。1930 年代的北平就是這樣一個神奇的地方。它在城鄉之間、現代與傳統之間，處於一個極其特殊的時空位置。而這些懷有複雜心態的詩人們，則成爲了這個「歷史的隙縫中漏落出的」一群獨特而典型的「寂寞人」。〔註28〕

〔註25〕魯迅：《〈中國新文學大系・小說二集〉序》，《魯迅全集》第 6 卷第 198 頁，人民文學出版社，1958 年。

〔註26〕李書磊：《都市的遷徙》第 120 頁。

〔註27〕李書磊：《都市的遷徙》第 120 頁。

〔註28〕方敬：《城垣》，《水星》第 1 卷第 4 期，1935 年 1 月。

三

　　除了對城市文化和民族現代化的反思之外，「鄉下人」和「地之子」的心態其實還是一種審美層面上的傾向和選擇。也就是說，這種心態不僅涉及到詩人們的生活方式、思維方式，而且還特別影響到他們的審美趣味和文學表達方式。

　　沈從文曾經說過，在他的作品裏清楚地體現著「一個鄉下人之所以爲鄉下人」的「氣質」〔註29〕。在我看來，這種體現在作品裏的「氣質」，其實就包括對人生、文學的獨到的認識，以及對「美」的特殊理解。從某種意義上說，這是一種與城市文學不同的文學趣味和審美觀念。

　　前文已經談到，李廣田、何其芳、廢名等人都各自在作品中營造和傳達過「素樸的美」和「寂靜的美」。那是一種「一切與自然諧和，非常寧靜，缺少衝突」〔註30〕，並帶有傳統意味的美感。正是這種「美」，成爲這些具有「鄉下人」心態的詩人散文家們欣賞和追求的目標。

　　這種美，首先是一種「自然」美與「原始」美。它完全出於自然人性的天眞和「一種燃燒的激情」。這些東西，恰與城市中某些人工的、虛飾的美相對照，顯示出其特有的美麗。在沈從文看來，這種「鄉下人」的強烈情感和對「美」的獨特追求，是不能爲麻木淺薄的城市人所完全瞭解的。因此他說：

> 我作品能夠在市場上流行，實際上近於買櫝還珠，你們能欣賞我故事的清新，照例那作品背後蘊藏的熱情卻忽略了，你們能欣賞我文字的樸實，照例那作品背後隱伏的悲痛也忽略了。原因簡單，你們是城市中人。城市中人生活太匆忙，太雜亂，耳朵眼睛接觸聲音光色過分疲勞，加之多睡眠不足，營養不足，雖儼然事事神經異常尖銳敏感，其實除了色欲意識以外，別的感覺官能都有點麻木不仁。這並非你們的過失，祇是你們的不幸，造成你們不幸的是這一個現代社會。〔註31〕

沈從文在這段話中表達的，不僅是對現代城市文明的批判與反思，同時也是他對自己的思想藝術所作出的闡釋。

　　一方面，是城市生活令人喪失了健康自然的生活方式，泯滅了人類最純眞樸素的情感，使得很多人對自然的原始的「美」產生了隔閡。在沈從文的

〔註29〕沈從文：《〈從文小說習作選〉代序》，《沈從文文集》第11卷第44頁。

〔註30〕沈從文：《論馮文炳》，《沈從文文集》第11卷第100頁。

〔註31〕沈從文：《〈從文小說習作選〉代序》，《沈從文文集》第11卷第44頁。

眼中,這即是現代人的一種「不幸」。另一方面,沈從文提醒讀者和批評者,他所追求和傳達的「美」,不祇是「清新」「樸實」之美,而且還更深刻地蘊含著一種真切的「熱情」和「悲痛」。

正如李健吾在評論《邊城》時所說的:「沈從文先生是熱切的,然而他不說教;是抒情的,然而更是詩的。」「他表現一段具體的生命,而這生命是美化了的,經過他的熱情再現的。」因此,《邊城》所展示出來的,就是一種自然原始的「豐盈」和「完美」,而且它還「更能透示作者怎樣用他藝術的心靈來體味一個更其真淳的生活。」在李健吾看來,這種「一切準乎自然」的美「細緻,然而絕不瑣碎;真實,然而絕不教訓;風韻,然而絕不弄姿;美麗,然而絕不做作。」它「是一顆千古不磨的珠玉」,對於「在現代大都市病了的男女」來說,正是「一付可口的良藥」。〔註32〕

沈從文的濃鬱熱情,源於「優美,健康,自然而又不悖乎人性的人生形式」。他不斷強調的所謂「鄉下人」的「氣質」,其實與李廣田所說的「鄉下人的思想」一樣,其實質就是這種自然原始的生活方式所造就的熱情與智慧,即一種純樸的、原始的人性美。這種人性美,在沈從文、廢名、何其芳、李廣田等人的作品中,以各自不同的方式被反覆塑造和表達。沈從文在他的「湘西世界」中描摹和讚美的原始人性的獨特美麗,已是研究者反覆探討過的問題,這裡不再重複。這裡想要特別提出的,是林庚、何其芳詩中所傳達的對原始人性美的關注和讚頌,只不過,在他們筆下,這種美是通過「童心」傳達出來的。

林庚和何其芳的作品中,都大量出現過對「童心」的讚美甚至回歸。而且,他們兩人在「前線詩人」群體當中,也是最天真、最具童心的兩人。比如林庚曾為冰心的孩子創作過一首《秋日的旋風》,就完全是以兒童的視角在審視自然世界。無論是「一座一座的塔似的」「秋日的旋風」,還是有著「金環的耳朵」「紅眼睛」,「一個小尾巴翹動著逃到／極遠的地方去」的「野兔子」,這些意象都帶有無比天真純淨的童趣,達到了渾然天成的境界。其實,那都是詩人自己童心的體現。讀者是無需從這首佳作中尋找深刻的象徵意義的,只要潛心體會詩人那一刻返歸童真的內心世界,就已經足夠了。

如果說《秋日的旋風》體現了詩人林庚的一片玲瓏童心,那麼,《那時》則在童心的回歸中流露出了成年的沉重和無奈。「那時」:

　　……

──────────────

〔註32〕李健吾:《〈邊城〉──沈從文先生作》,《咀華集》第76頁。

空氣如此的好，
心地明亮和溶；
人的嬌小
宇宙的函容，
童年的欣悅，
像松一般的常浴著明月；
像水一般常落著靈雨；
像通徹的天宇，
把心亮在無塵的太空；
像一塊水晶石放在藍色的大海中。
如今想起來像一個不怕蛛網的蝴蝶，
像化淨了冰再沒有什麼滯累，
像秋風掃盡了蒼蠅的粘人與蚊蟲嗡嗡的時節，
像一個難看的碗可以把它打碎！
像一個理髮匠修容不合心懷，
便把那人頭索性割下來！
……

無需再分析這些詩句表達了怎樣清澈透明、無憂無慮的美麗童心，因為詩句本身已經達到了完美。我想強調的祇是，這種對童年的留戀與回顧，充分體現了詩人對於天真原始的人性的讚頌。因為童年本身就是最接近自然，最具備健康天性的代表。用林庚自己的話來說，「未完全失去了童心」就說明了一個人「尚保持著他生命上的健康」。〔註33〕

無論是童心美、原始美，還是自然人性的美，都是「前線詩人」的審美理想。他們在文學創作中傳達這種「美」，並通過「美」「為人類『愛』字作一度恰如其分的說明」。這其實也就是他們從事文學創作的最終目的，李健吾稱之為「鄉下人」式的「寫作的信仰」。

沈從文說：

因為我活到這世界裏有所愛。美麗，清潔，智慧，以及對全人類幸福的幻影，皆永遠覺得是一種德性，也因此永遠使我對它崇拜和傾心。這點情緒同宗教情緒完全一樣。這點情緒促我來寫作，不斷的

〔註33〕林庚：《熊》，《世界日報‧明珠》第 87 期，1936 年 12 月 26 日。

寫作，沒有厭倦，只因爲我將在各個作品各種形式裏，表現我對於
這個道德的努力。〔註34〕

沈從文明確表示要堅持這種努力，希望有一天他的理想能夠實現並得到理解
和認可。用他自己的話說，就是希望「在另外一時，你們少數的少數，會越
過那條間隔城鄉的深溝，從一個鄉下人的作品中，發現一種燃燒的感情，對
於人類智慧與美麗永遠的傾心，康健誠實的讚頌，以及對愚蠢自私極端憎惡
的感情。這種感情且居然能刺激你們，引起你們對人生向上的憧憬，對當前
腐爛現實的懷疑。」〔註35〕

　　顯然，在沈從文等人的價值觀念中，「城」與「鄉」的對立更具體地體現
爲「愚蠢自私」與「康健誠實」的對立。而作爲作家的他，就致力於以文學
的方式、用自己作品中「燃燒的感情」，來「刺激」那些城居的人們，令他們
「越過那條間隔城鄉的深溝」，引起他們「對人生向上的憧憬」，從而懷疑並
最終擺脫「腐爛現實」。換句話說，在沈從文們的心目中，「鄉下人」的寫作
幾乎成爲改造國民精神的一劑良方，在他們看似個人化的鄉土抒情中，其實
隱藏著一個宏大的、現代性的理想。

　　此外，沈從文們所自詡的「鄉下人」的「氣質」中，除了對於人生的執
著信仰和堅韌努力外，還包含著一種對於文學的頑強執拗的熱情與誠實。沈
從文曾反覆強調，在他的「鄉巴佬的性情」中，最重要的一點是「對一切事
照例十分認眞」，而且「似乎太認眞了，這認眞處某一時就不免成爲『傻頭傻
腦』。」〔註36〕顯然，這種「認眞」，就體現在他們對文學所持有的態度中。

　　一方面，他們認眞對待文學，是因爲他們相信文學的功能和意義，「相信
它在將來一定會起良好作用」，相信可以「把文學……變成一個有力的武器，
有力的新工具，用它來征服讀者，推動社會，促之向前」。同時，他們認識到
這「決不是一回『五四』運動，成立了三五個文學社團，辦上幾個刊物，同
人寫文章有了出路，就算大功告成。更重要還應當是有許多人，來從事這個
新工作，用素樸單純工作態度，作各種不同的努力；並且還要在一個相當長
遠、艱難努力過程中，從不斷失敗經驗裏取得有用經驗，再繼續向前，創造
出千百種風格不一、內容不同的新作品，來代替舊有的一切……。」〔註37〕

〔註34〕沈從文：《〈蘿下集〉題記》，《沈從文文集》第 11 卷第 34 頁。
〔註35〕沈從文：《〈從文小說習作選〉代序》，《沈從文文集》第 11 卷第 46 頁。
〔註36〕沈從文：《〈從文小說習作選〉代序》，《沈從文文集》第 11 卷第 43 頁。
〔註37〕沈從文：《〈沈從文小說選集〉題記》，《沈從文文集》第 11 卷第 68 頁。

可以說，是這種「單純熱忱和朦朧信仰」一直支持著詩人們的創作，並激發出他們心中對於文學的「一種類似宗教徒的虔誠皈依之心」。〔註38〕

與此同時，他們激烈地反對文學的商業化和政治化傾向。他們反對以「入時」為目的進行創作的詩人，而特別欣賞「平淡樸實」的詩歌創作態度和藝術風格〔註39〕；他們聲稱自己是「對政治無信仰對生命極關心的鄉下人」〔註40〕，主張「同政治離得稍遠一點，有主張也把主張放在作品裏，不放在作品以外的東西上」〔註41〕。這些主張，顯示了北平「前線詩人」的「純文學」立場。事實上，這也就是所謂「京派」文學的核心精神。這種精神之所以只能產生於北平，也就是因為「北平的北風和陽光，比起上海南京的商業和政治來」，更能「督促」和「鼓勵」這批詩人作家們「爬上一個新的峰頭，貼近自然，認識人生。」〔註42〕

沈從文曾感慨道：「自願作鄉下人的實在太少了」，「我感覺異常孤獨。鄉下人實在太少了。儻若多有幾個鄉下人，我們這個『文壇』會熱鬧一點罷。」〔註43〕這顯然是一種呼籲，他們希望更多的詩人作家能以這種認真專注的態度對待文學，「守住新文學運動所提出的莊嚴原則」〔註44〕，堅守純文學的理想。

「地之子」、「鄉下人」心態之所以重要，就因為其中包含了以「前線詩人」為代表的 1930 年代北平文人的社會理想、文學信仰、審美趣味、個人情感等多方面的思想內涵。同時，它還從一個側面體現了「文化古城」時期北平獨特的文化背景與社會環境。因此可以說，這種心態和「自我」形象已成為「前線詩人」的代表心態和典型形象。

第二節　寂寞邊城「寂寞人」

一

現代主義文學的產生是從波德萊爾「發現人群意味著孤獨的時候」開始的。因此也可以說，現代主義文學的核心意識之一，即是「人群中的孤獨」：

〔註38〕沈從文：《從現實學習》，《沈從文文集》第 10 卷第 319 頁。
〔註39〕沈從文：《〈群鴉集〉附記》，《沈從文文集》第 11 卷第 17 頁。
〔註40〕沈從文：《水雲》，《沈從文文集》第 10 卷第 294 頁。
〔註41〕沈從文：《新廢郵存底‧五》，《沈從文文集》第 12 卷第 18 頁。
〔註42〕沈從文：《從現實學習》，《沈從文文集》第 10 卷第 308 頁。
〔註43〕沈從文：《〈從文小說習作選〉代序》，《沈從文文集》第 11 卷第 46 頁。
〔註44〕沈從文：《從現實學習》，《沈從文文集》第 10 卷第 305 頁。

人群，孤獨：對富有創造精神的詩人來說是意義相同、可以互換的
詞語。如果你不懂得怎樣使你的孤獨狀態中充滿人群，你也就不懂
得怎樣在忙碌的人群中感受到孤獨。〔註45〕

當然，孤獨和寂寞本來就是文學永恒的主題。因此不能說，體現在「前線詩
人」作品中的強烈的孤獨感與寂寞心態就一定與西方現代主義詩歌內涵相
關，事實上，二者在思想內容和情感深度上的確存在很大不同。我祇是要強
調，在不同時期不同文化背景下，寂寞孤獨的心態也會呈現出不同的姿態和
樣式。因此，當我們討論「前線詩人」的寂寞心態時，不僅要考慮其與中國
傳統文化中的寂寞主題的聯繫，同時也應看到它的現代品質和內涵。

即如「寂寞」並非「前線詩人」特有的心態一樣，「寂寞」主題當然也不是
「前線詩人」特有的文學主題。但本節仍要單獨討論他們這種心態與主題，就
是因爲在我看來，「前線詩人」的「寂寞」心態與「寂寞」主題都有其與眾不同
之處。當然，這種獨特性也仍與 1930 年代北平的文化環境和社會背景息息相關。

首先，「前線詩人」的寂寞是一種「人在邊緣」的寂寞，更具體一點說，
是人在「邊城」的寂寞與失落。

在 1920 年代「五四」落潮之後，中國知識份子普遍產生了一種寂寞失落
的心態，這主要是理想與現實之間的巨大落差造成的。這一點，身處北平「舊
戰場」的「前線詩人」體會得更爲深切。對於他們中的絕大多數人來說，他
們來到北平的直接原因就是爲了追隨新文化與新思想，有志於新文學的創
造。無論是像沈從文所說的是「五四運動的餘波，把本人拋到北京城」〔註46〕，
「想來讀點書，……讀好書救救國家」，「以爲社會必須重造，這工作得由文
學重造起始」〔註47〕；還是像卞之琳所說的，是對「『五四』運動的發祥地」
作「一種憑弔，一種寄懷」〔註48〕。總之，他們來到這座古城的原因，大都
與其新文化發祥地的身份有關。換句話說，北平已經被賦予了一種帶有象徵
性涵義的文化身份。因此廢名才會這樣說：「北平之於北方，大約如美人之有
眸子，沒有她，我們大家都招集不過來了。」〔註49〕

〔註45〕轉引自：G. M. 海德《城市詩歌》，《現代主義》第 310 頁。

〔註46〕沈從文：《新廢郵存底‧九》，《沈從文文集》第 12 卷第 31 頁。

〔註47〕沈從文：《從現實學習》，《沈從文文集》第 10 卷第 300 頁。

〔註48〕卞之琳：《〈雕蟲紀歷〉自序》，《雕蟲紀歷》第 2 頁，人民文學出版社，1979
年。

〔註49〕廢名：《北平通信》，《宇宙風》第 19 期，1936 年 6 月 16 日。

　　但是，真正生活在北平，他們才深刻地體會到「古城」的「荒涼」。——
這不是自然環境或社會生活方面的「荒涼」，而是心理上的「荒涼」。

　　此時的北平不再是政治、經濟的中心，甚而也不是「文學革命」的中心
地帶，在這個「邊城」中，「社會重造」、「救救國家」的抱負都無從實現。詩
人作家們認識到了社會現實與他們自身期待之間的距離。因此，在這些內心
敏感、情感豐富的詩人心中產生強烈的「邊緣」感，也就是必然的。直到 50
多年以後，林庚在憶及自己最初的創作道路時還這樣說：

> 直到 1937 年我都把主要的精力用在寫詩上。那時我還是一個初經世
> 故的青年，一方面懷著對於童年時代天真的依戀，一方面憧憬著未
> 來生活中無限遼闊的天地；面對的現實卻是爾虞我詐、強取豪奪的
> 半殖民地的舊社會。當時我自幼居住在北京，從「九一八」後實際
> 上已經處於邊城的地位，一種內心身處的荒涼寂寞之感，縈繞著理
> 想與現實的矛盾，便構成這一段我寫詩的主要生活背景。〔註50〕

在這種背景下，林庚的詩作中多次出現類似「北平的居民在邊城古巷」〔註
51〕，「邊城的一夜安息下風沙」〔註52〕，以及「邊城的寂寞漸少了朋友遠留
下風沙」〔註53〕這樣的詩句，直接描寫那種身處「邊城」的「寂寞荒涼之感」。

　　李長之曾經說過，林庚最善於「把無限的情緒而限之於寂寞的地方」〔註
54〕，而「邊城」北平就正是這「寂寞的地方」之一。在這樣的環境中，詩人
感覺自己「生於愚人與罪人間／因覺得天地之殘酷」〔註55〕，產生了對現實
世界的強烈不滿。由此他感到：「夜像海一般的深！／我獨自在夜的深處」〔註
56〕，這樣沉重而無邊的寂寞包圍著詩人，讓他無處可逃。因此他說：「空城的
寂寞／我寂寞的守著／夜的心」〔註57〕。這裡，就不僅僅是寂寞，甚而有「一
種空虛而捉摸不得的悲哀」〔註58〕了。

〔註50〕 林庚：《林庚詩選·後記》，《林庚詩選》第 112 頁，人民文學出版社，1985
　　　　年。
〔註51〕 林庚：《北平二》。
〔註52〕 林庚：《落花》。
〔註53〕 林庚：《秋深》。
〔註54〕 長之：《〈春野與窗〉》，《天津益世報·文學副刊》第 9 期，1935 年 5 月 1 日。
〔註55〕 林庚：《在》。
〔註56〕 林庚：《夜行》。
〔註57〕 林庚：《空心的城》。
〔註58〕 長之：《〈春野與窗〉》，《天津益世報·文學副刊》第 9 期，1935 年 5 月 1 日。

　　類似這種因理想落空而產生的寂寞，在很多「前線詩人」的作品中都可以看得到。

　　與林庚清幽苦淡的落寞不同，曹葆華的寂寞苦悶表現得奇崛悽愴：

　　　　……
　　　　但是我舉足跳入了紅塵，
　　　　失望的冷灰就灑上衣襟。
　　　　塵沙蒙蔽了銳敏的兩眼，
　　　　禮教枷鎖著活潑的性靈。
　　　　我好像行人夜入山林，
　　　　黑暗裏不見一線的光明；
　　　　耳邊只聽得人類的歎息，
　　　　遙應著冷風裏萬物的悲吟。
　　　　尋不著夢中的地圖
　　　　袋裏還有多少春秋
　　　　一葉蘆葦風中飄搖
　　　　站在長夜的石門前
　　　　等候萬里外一聲號角〔註59〕

那「萬里外一聲號角」，正是詩人不能放棄的理想。為了堅守這份理想，詩人寧可忍受「夜入山林」般的孤獨和寂寞。詩人始終「捧著赤紅的心兒，／不見理想的旗幟在空中飄旋」〔註60〕，這份失望和寂寞已經深深地融入了他的所有作品當中。因此，在曹葆華的詩中，反覆出現「畸零人」或「落魄的人」的「自我」形象：

　　　　畸零人坐在籐椅上
　　　　看黃沙吮舐著破窗紙
　　　　尋找什麼，落魄的人
　　　　曳著一雙冷重的腳步
　　　　站在街前喝一口氣
　　　　看百貨店裏的大減價
　　　　正像自己拍賣靈魂〔註61〕

〔註59〕曹葆華：《寄詩魂》。
〔註60〕曹葆華：《又寄詩魂》。
〔註61〕這兩首詩的題目均為《無題》，見曹葆華《無題草》，文化生活出版社，1937

「畸零人」和「落魄的人」的形象都充分體現了詩人內心的寂寞苦悶，而這種心態則在很大程度上源自於無奈的現實和理想的失落。

北平原本就是一座「古城」，再加上作為「五四」「舊戰場」的特殊背景，尤其增加了其悲涼寥落的氣氛。即如卞之琳所說的，對古都的憑弔與對「五四」歷史的寄懷在詩人的心中是統一的。二者都是對曾有的輝煌歷史的緬懷，並對寂寥的現實表示無奈和期待。這種雙重的寂寞，在方敬的散文詩《城垣》〔註62〕中表現得頗為典型：

> 這已衰老的城垣寂寂地被遺留在這裡。依我想，它本身是一巨冊神秘的史籍，即如時間將噬盡了人的可憐的記憶，過去的史實仍然會隱匿在這堅固難朽的書帙裏——光榮，恥辱，悲哀和快樂的總匯地。由於它緘默不宣的奧義之難於會心，乃漸漸地變成記憶圈外的寂寂的疣物了。
>
> ……無數年代的風雨的侵蝕，這衰老的城垣似有意義地忍受著。還有許多刺心的傷痕，是磨滅了無數英雄與暴力的徽記，它勝利的勳章。我茫然下望，淒涼的心隨著沉墜。我不知那環繞著它的暗暗的寒溪曾流經若干苦悶的歲月，那一圈曲流著的清苦的淚？
>
> ……我的影子悄然由城垣上移下，正如歷史的隙縫中漏落出的一個寂寞人。」

1930 年代的北平既是「歷史的隙縫」又是時代的邊緣，懷抱一腔熱情和理想的詩人在這裡會感受到怎樣的寂寞和失落，自然也就可想而知。

客觀地說，以「前線詩人」為代表的北平現代派作家和理論家，都並沒有特別熱衷於社會政治方面的追求。他們一直在政治與文學之間保持著相當的距離，反對政治功利思想對文學藝術的浸染。因此，他們的政治立場可以說是相當「邊緣化」的。但是，整個的現實環境和時代背景不可能為他們提供一個文學的真空，尤其是在 1930 年代的北平，「五四」啟蒙的思潮還沒有退盡，民族救亡的重任又來到了面前。因此，正如卞之琳所表白的：「當時有政治覺醒的學生進一步投入現實鬥爭；不太懂事的『天真』小青年，也會不安於現實，若不問政治，也總會有所嚮往。」或者說，他們是以不同的方式和立場表達著自己對社會和政治的關注。於是，在他們的作品中，「也總不由

　　年。

〔註62〕見《水星》第 1 卷第 4 期，1935 年 1 月。

自己，打上了三十年代的社會印記」〔註63〕。

　　其實，「人在邊緣」的「前線詩人」並沒有置身世外，作為北平自由知識份子的代表，他們是以自己一種獨特的方式在繼承和發展著現代中國啓蒙思想的傳統。也就是說，正因為他們有所期待，所以在他們的心態中和作品裏，看不到真正的閒適悠然，相反，在他們寂寞孤獨的心態背後，往往流露出沉重的憂憤和焦灼。他們的潛心藝術、疏離政治，其實並不是安於「邊城」和「邊緣」，更多的則是出於無奈和堅忍，採取了一種「隱性」的「革命」的姿態。

二

　　「前線詩人」對「寂寞」的描繪很多，在傳達方式上也是有的含蓄、有的直接。前者如卞之琳的「熱鬧中出來聽見了自己的足音」〔註64〕；後者則有廢名的《街頭》為代表，在短短八行的詩中，詩人竟以五個「寂寞」，直向讀者逼來：

> 行到街頭乃有汽車馳過，
>
> 乃有郵筒寂寞。
>
> 郵筒 PO
>
> 乃記不起汽車的號碼 X，
>
> 乃有阿拉伯數字寂寞，
>
> 汽車寂寞，
>
> 大街寂寞，
>
> 人類寂寞。

初看這首詩，字面上一片「寂寞」，彷彿詩人在以最直接的方式傳達他的真實情感，但細細品味後才發覺，詩人的寂寞簡直是深不見底。他把人們從日常習見的「街頭」一下子就帶到了一個無法用語言詮釋的玄思的世界。

　　1940 年代，廢名曾非常細緻地解釋過自己創作這首《街頭》的緣由和過程。他說：

> 這首詩我記得是在護國寺街上吟成的。一輛汽車來了，聲勢浩大，
>
> 令我站住。但它連忙過去了，站在我的對面不動的是郵筒，我覺得
>
> 它於我很是親切了，它身上的 PO 兩個大字母彷彿是兩隻眼睛，在

〔註63〕卞之琳：《〈雕蟲紀歷〉自序》，《雕蟲紀歷》第 2 頁。

〔註64〕卞之琳：《歸》。

> 大街上望著我，令我很有一種寂寞。連忙我又覺得剛才在我面前馳
> 過的汽車寂寞，因爲我記不得它的號碼了，以後我再遇見還是不認
> 得它了。它到底是什麼號碼呢？於是我又替那幾個阿剌伯數位寂
> 寞，我記不得它是什麼數了，白白的遇見我一遭了，於是我很是寂
> 寞，乃吟成這首詩。〔註65〕

廢名解釋過自己的好幾首詩作，但只有這一首詩，他沒有明白地說出他的「好處」，相反地，他祇是極爲平淡地敘述了靈感來臨的過程。跟蹤這個過程，讀者似乎可以理解那些看上去並不相干的事物是如何在詩人的筆下被連綴起來並一同流露出巨大寂寞的。但實際上，詩人卻可能正是用這種過於「坐實」和具體化的闡釋，掩蓋了自己內心更深層的情感。

也許可以說，能解釋清楚的都不是眞正的寂寞，說不出來的寂寞才是最深邃的。眞正令廢名感到深徹入骨的寂寞，絕不會僅僅停留在汽車、郵筒和阿拉伯數字當中。換句話說，詩人並不是眞的在街頭偶然感到了突如其來的寂寞情緒，他的寂寞原本就是深藏於內心的。正因爲有這種內在體驗，他才會在喧囂的街頭和「聲勢浩大」的汽車旁邊，體會到宏大而永恒的「人類寂寞」，並用日常生活場景將其具體表現出來。詩的最後三行——「汽車寂寞，／大街寂寞，／人類寂寞。」——眞正是一唱三歎，最終化爲一聲餘韻悠長的歎息，將詩人心底的深刻憂傷暴露無遺。這時的「寂寞」，已經超越了詩人所面對的具體事物，被賦予了哲學層面的意義。也正因如此，詩人才會更偏愛這首詩，卻又無法將它眞正的「好處」詮釋出來。

這種帶有哲學意味的「寂寞」，是「前線詩人」寂寞心態的另一種深刻體現。如果說，「邊城的寂寞」更具體更現實的話，那麼，廢名所傳達的這種「人類寂寞」的意識，則更深刻更普遍，也更具有象徵和玄思的意義。而很好地體現了這種意義的，是詩人們創造的另一個「自我」形象——「獨醒者」。

1936 年夏天，辛笛在臨別北平時寫下了《垂死的城》一詩，其中，出現了一個「獨醒者」的「自我」形象：

> 暴風雨前這一刻歷史性的寧靜
> 呼吸著這一份行客的深心
> ……
> ——在沉沉睡了的茫茫夜

〔註65〕馮文炳：《〈妝台〉及其他》，《談新詩》第 224 頁，人民文學出版社，1984 年。

　　　無月無星

　　　　獨醒者與他的燈無語無言

「獨醒者」在暴風雨的前夜沉默著，但他的內心顯然並不寧靜。詩人化用屈原「眾人皆醉我獨醒」的詩意，不僅體現了他們清醒而寂寞、理智而痛苦的心態，同時也更加深了他們寂寞情緒的歷史文化內涵和象徵意義。

　　此外，「獨醒者」系列形象也出現在卞之琳、林庚等人的詩歌作品中。在卞之琳的《古鎮的夢》中，詩人在「清冷的下午」和「深夜」裏，獨自聽著那「一樣的寂寥」的「算命鑼」和夜更的「梆子」聲。這兩種聲音「敲不破別人的夢」，卻沉重地敲痛了詩人的心靈。在這兩種聲音中，詩人不僅感到了人們的麻木和沉默，更感到了那種不為時間的流逝所改變的固執的思想傳統。

　　在林庚的《秋夜的燈》中，出現的則是「獨行者」的自我形象：

　　　秋夜的燈是苦思者的伴風意寒峻地

　　　獨行者的心仍想著燈嗎一點的華麗

　　　窗下便開著客子心上的多夢寐的花

　　　寂靜的夜空無邊的落葉裝飾了園地

無論是「獨行者」還是「獨醒者」，都是與「寂寞」「苦思」相伴的。他們的寂寞不僅來自一己的失望和落寞，同時也是通過這種特立獨行的姿態來傳達自己對周圍死寂壓抑的現實環境的不滿與格格不入。

　　這種寂寞來源於詩人比常人更清醒的理智和更敏感的性情，用年輕的何其芳的話來說，那是一種「自以為是精神的貴族」的心態。他說：

　　　……那時我在一個北方大城中。我居住的地方是破舊的會館，冷僻

　　　的古廟，和小公寓，然而我成天夢著一些美麗的溫柔的東西。每一

　　　個夜晚我寂寞得與死接近，每一個早晨卻又依然感到露珠一樣的新

　　　鮮和生的歡欣。假若有人按照那時的我分類，一定要把我歸入那些

　　　自以為是精神的貴族的人們當中。〔註66〕

無論是對現實失望而導致的落寞，還是「眾人皆醉我獨醒」的特立獨行，抑或是因思想的深刻超卓而造成的孤傲，都體現了「前線詩人」寂寞心態的各個層面。而「歷史的隙縫」中的「寂寞人」、「邊城」中的「獨醒者」和「精神的貴族」等「自我」形象，則是同一類思想意識和情緒的不同側面的具體呈現。

─────────────

〔註66〕何其芳：《〈刻意集〉序》，《何其芳全集》第1卷第144頁。

　　我們不妨再讀一首林庚的佳作《夜》，也許可以更深切地理解現代人豐富而孤寂的心靈世界：

> 夜走進孤寂之鄉
>
> 遂有淚像酒
>
> 原始人熊熊的火光
>
> 在森林中燃燒起來
>
> 此時耳語吧？
>
> 牆外急碎的馬蹄聲
>
> 遠去了
>
> 是一匹快馬
>
> 我為祝福而歌

原始人熱烈的生活和親密的感情，強烈地襯托出現代人的孤寂。詩人是如此快慰地傾聽著「一匹快馬」逃離這夜的孤寂，傳達出一種逃離寂寞的祈願。而讀者則更會「在這寧靜、熱烈、急驟的三層意象建築中，感到詩人躍動著的渴望光明的心，看到矗立著桀傲不群的詩人的形象。」〔註67〕

第三節　「荒街」上的沉思者

一

　　在「前線詩人」的「自我」形象系列中，最具代表性的還是卞之琳塑造的「荒街上的沉思者」形象。這個形象不僅真實樸素地反映了「前線詩人」群體的生存狀況和內心情感，而且也充分體現出這群詩人作為現代人所特有的複雜的思緒。

　　「荒街上的沉思者」的形像是卞之琳在《幾個人》一詩中塑造出來的：

> 叫賣的喊一聲「冰糖葫蘆」
>
> 吃了一口灰像滿不在乎：
>
> 提鳥籠的望著天上的白鴿，
>
> 自在的腳步踩過了沙河，

〔註67〕孫玉石：《一曲逃離寂寞的心曲——淺析林庚的〈夜〉》，《中國現代詩導讀（1917～1938）》第435頁，北京大學出版社，1990年。

　　當一個年青人在荒街上沉思。

　　賣蘿蔔的空揮著磨亮的小刀，

　　一擔紅蘿蔔在夕陽裏傻笑，

　　當一個年青人在荒街上沉思。

　　矮叫花子癡看著自己的長影子，

　　當一個年青人在荒街上沉思：

　　有些人捧著一碗飯歎氣，

　　有些人半夜裏聽別人的夢話，

　　有些人白髮上戴一朵紅花，

　　像雪野的邊緣上托一輪落日……

有研究者指出：「這個沉思者（或『多思者』、『玄思者』）的形象貫穿了他（按：指卞之琳）早期的詩篇，成為一種特色。」〔註68〕雖然這類形象往往以第三人稱的形式出現在作品中，但即如《荒原》中的帖瑞西士一樣，他們其實就是詩人自己。更何況卞之琳自己也曾說過：「這時期的極大多數詩裏的『我』也可以和『你』或『他』（『她』）互換」〔註69〕。可以說，在這樣的「互換」中，詩人間接地表達出了一個真實的「自我」。而且，那個「在荒街上沉思」的、充滿激情與理性的知識份子形象，不僅是詩人自身，更典型地代表了整個「前線詩人」群體。

　　《幾個人》以白描的手法勾勒出北平街頭幾個普通人的肖像。寫出了他們空虛無聊的生活和麻木冷漠的靈魂，從而反映了整個環境的停滯感和荒落感。正如前文提到過的那樣，這種對民眾群像的刻畫有其啟蒙知識份子的思想基礎，在看似平靜的白描後面，隱藏著詩人對現實的強烈不滿和激烈批判。在越來越急促的主旋律中，讀者分明可以感到詩人被壓抑住的痛苦和憤懣。

　　但是我以為，《幾個人》的內涵還不止這些，或者說，這位年青人的沉思不衹是現實層面的批判，他思考的深度還表現在其內容的多方面多層次上。是詩歌簡約的表達方式提供了容納這樣多層涵義的可能。比如「提鳥籠的望著天上的白鴿」，是寫北平市民的無聊和消極，但籠中有鳥卻還仰望白鴿也許又隱含著對人類貪婪心理的揭示，或暗示人類自己如籠中鳥般身處困

〔註68〕張曼儀：《當一個年輕人在荒街上沉思」──試論卞之琳早期新詩（1930～1937）》，《卞之琳與詩藝術》第108頁。

〔註69〕卞之琳：《〈雕蟲紀歷〉自序》，《雕蟲紀歷》第3頁。

境卻本能地向往自由。再比如，賣蘿蔔的人空揮著小刀，而紅蘿蔔在夕陽裏傻笑，這固然說明賣者的空虛，但也許還隱含著對「蘿蔔」命運的思考——多少民眾不是曾面對精神扼殺和生命死亡的命運依然「傻笑」嗎？而那個癡看著自己的長影子的矮叫花子在麻木愚昧、毫無生機的外表下，誰又能說他不可能有對自己「高大」幻影的陌生和向往，和對自己「矮小」現實的遺憾呢？詩的最後四行中的「有些人」的行為看起來是奇怪的：有飯吃卻歎氣，別人睡覺自己卻醒著，在白髮上插一朵不相宜的紅花。但是，這些行為的悖謬外表下又何嘗沒有更深的涵義呢？不滿足於吃飽飯的人也許是對生活有著更高的要求，眾人皆睡我獨醒也許指的就是詩人自己。至於白髮插花，也許是瘋癲的，但詩人立即賦予其一個美麗的比喻——「像雪野的邊緣上托一輪紅日」，這情景令人不禁想到生命力匱乏垂死時的最後一線溫暖。如果我的解讀不是誤解，那麼，卞之琳的「沉思」也就不衹是批判現實一方面的內涵了。是否可以這樣說，他的沉思裏有批判、有同情、也有矛盾，有對個人命運的思考，也有對全人類命運的反思。而這種沉思，是只屬於現代人特有的精神世界的。

這個「荒街上的沉思者」正是這樣：他穿過死寂的荒街，審視著麻木的人群，清醒而痛苦地思考著整個民族、甚至整個人類的命運。與艾略特筆下的身影模糊、年邁眼盲、男女同體的帖瑞西士相比，這個「沉思者」更加直面讀者，他是一個活生生的普通人，他的性格言行更貼近詩人自身。「他們的生命具有火熱的情緒，他們的靈魂具有清醒的理智；……他們不求共同，回到各自的內在，諦聽人生諧和的旋律。拙於辭令，恥於交際，他們藏在各自的字句，體會靈魂最後的掙扎。他們無所活動，雜在社會的色相，觀感人性的無常。」〔註70〕李健吾這段話既可以概括「前線詩人」自身的思想性格特徵，也可以用來透視作品中的「自我」形象。

這種現代人的沉思是智性的和批判性的。在麻木的人群中，他們因清醒和沉思而倍加孤獨。旁觀者的姿態使他們疏離於整個現實環境。因此，他們對於現實社會表現出格格不入的態度，不認同也不相容。他們將這種否定的批判和不相容的孤獨外化在對環境的描繪中，於是塑造出「荒街」的意象。

與「古城」意象一樣，「荒街」有其現實的一面：北平城內的街道凋敝荒蕪，街上的人們又麻木冷漠，這種雙重荒涼就是「荒街」的客觀現實表現。

〔註70〕李健吾：《〈魚目集〉——卞之琳先生作》，《咀華集》第 136 頁。

但是，也如同「古城」可以超越北平一地而象徵整個「古國」一樣，「荒街」
也因其象徵意義而獲得了更廣闊的內涵。「荒街」與「荒原」一樣，是詩人對
生存環境的總體性批判的載體，也就是說，詩人因為看到整個民族甚至整個
人類的內心荒蕪，所以將整體大環境喻為「荒街」，而這個地方事實上究竟是
風沙萬里還是燈紅酒綠，其實並不重要，因為物質的繁華程度並不能作為「荒
街」是否「荒」的判斷依據。因此，廢名有一次就曾一語中地地指出，卞之
琳和林庚等北平詩人即便是身在上海的街頭，也仍會「目中無現代的上海」〔註
71〕。他舉的例子就是林庚的《滬之雨夜》：

> 來在滬上的雨夜裏
>
> 聽街上汽車逝過
>
> 簷間的雨漏乃如高山流水
>
> 打著柄杭州的油傘出去吧
>
> 雨水濕了一片柏油路
>
> 巷中樓上有人拉南胡
>
> 是一曲似不關心的幽怨
>
> 孟姜女尋夫到長城

詩人本來是為了排遣寂寞才打傘出遊的，但在寂寞的街頭，卻被一曲南胡帶
到了更深的幽怨中。而且這幽怨承載著千年的歷史，那樣悠長久遠，永不寧
息，於是詩人愈發覺得寂寞孤獨。「柏油路」的街上分明有「汽車逝過」，走
出巷口也一定會有繁華的街景，但這一切對於詩人來說是沒有意義的。他看
到的是浮華表象下人心的深刻孤獨，還有那奏不完的歷史幽怨和人間悲劇。
這上海的弄堂在詩人眼中也變成了一條走不完的人生「荒街」，它不再是客觀
現實，而是詩人孤憤心情的外現，更是詩人對自我生存環境的一種定位。

　　所以，無論是上海也好，北平也罷，或者是卞之琳、李廣田筆下的保定
和滄州〔註 72〕等等，詩人身在何處，何處就是「荒街」，「荒街」就是詩人無
法逃脫的生存環境。

　　這條「荒街」是沒有盡頭的，就像曹葆華說的那樣：「縱有兩隻不倦的翅
膀／飛過大海，飛向長天」，也飛不出這「荒街」。在這永遠的「荒街」上，
詩人作著永遠的徘徊。這徘徊就是他們的生存方式。因此，「荒街上的沉思者」

〔註71〕馮文炳：《林庚同朱英誕的新詩》，《談新詩》第 188 頁。

〔註72〕見卞之琳：《古城的心》和李廣田：《那座城》。

同時也是「倦行人」〔註73〕，他們有的「家馱在身上像一隻蝸牛，／弓了背，弓了手杖，弓了腿」〔註74〕；有的「背負著雨傘」，「拔一根蘆葦當手杖」，「曳了芒鞋走去」〔註75〕。這種流浪和徘徊，正是現代人喪失精神家園後的永遠的漂泊。

與「荒街」形成對比的，是詩人馳想中的「南方」。廢名說：「凡屬南方人而住在北方沙漠上，最羨慕江南，江南對於他們真是太美麗了，無論在他們的想像中，或者有一天他們到江南去了。」〔註76〕

其實，「南方」同樣是一個帶有隱喻性質的意象，它以其溫暖明亮與「古城」和「荒街」形成強烈的對比。它象徵著強大的生命力、繁榮美好的未來，以及母親胸懷般的溫暖和安全。因此，出現在「前線詩人」筆下的「南方」並非現實中的江南，而祇是一個帶有理想色彩和象徵意義的場景，彷彿人們曾經擁有但終於失落了的人生理想和精神家園。因此，詩人對「南方」的懷念也就並非一般意義上的懷鄉，而是現代人特有的對精神家園的向往和渴望。

於是，在北方「更陰暗更長」〔註77〕的夜裏，當詩人們連「夢裏也是一片黃色的塵土」的時候，「南方」作為一個整體意象鮮活地舒展於他們的筆下了。他們渴慕著南方生機盎然的景致，讚美著有「淺油黑的膚色」、「更黑的髮，更黑的眼珠」的「如花一樣無顧及地開著」的「南方的少女」〔註78〕，更渴望著濃鬱熱烈、可以為他們注入新鮮活力、驅趕乾燥寒冷的「南方的愛情」。於是，「到熱帶去」成了詩人最甜蜜的理想，「那兒我們將變成植物，／你是常春藤／而我是高大的菩提樹。」〔註79〕

卞之琳曾說1930年代的自己是「身在幽谷，心在峰巔」〔註80〕。套用這句話，我說：詩人們是身在「荒街」，心在「南方」。這幽谷與峰巔、荒街與南方的迢遙距離，實際也就是理想與現實之間的巨大差距。詩人們在幽谷中痛苦，在荒街上沉思，而通過歌聲慰藉著自我，表達著對美好理想和家園的熱望。

〔註73〕參閱孫玉石：《中國現代主義詩潮史論》第215～233頁，北京大學出版社，1999年。

〔註74〕卞之琳：《道旁》。

〔註75〕金克木：《旅人》。

〔註76〕馮文炳：《林庚同朱英誕的詩》，《談新詩》第189頁。

〔註77〕何其芳：《歲暮懷人》。

〔註78〕何其芳：《再贈》。

〔註79〕何其芳：《病中》。

〔註80〕卞之琳：《〈雕蟲紀歷〉自序》，《雕蟲紀歷》第3頁。

二

1935 年「一二‧九」運動前夕，朱自清在一封寫給友人的信中這樣說到北平的情況：

> 這回知識份子最為苦悶。他們眼看著這座中國文化的重鎮，就要沉淪下去，卻沒有充足的力量挽救它。他們更氣憤的，滿城都讓些魑魅魍魎白晝搗鬼，幾乎不存一分人氣。他們願意玉碎，不願意瓦全。
> 〔註81〕

其實，北平的知識份子心中又何止是「苦悶」和「氣憤」呢？他們眼睜睜地看到理想破滅，卻無力挽住狂瀾，自身的清醒又讓他們寧折不彎。他們的心中充滿了大悲痛與大焦慮，於是他們中有的人「就悄悄發而為詩」〔註82〕，用詩的形式表達自己的痛苦，也就是用種種意象的凝定來寄託自己焦慮苦痛的心情。現代主義詩人不像浪漫主義詩人那樣高聲呼喊出他們的痛楚，但是，正如哽噎和抽搐比號咷大哭更令人心碎一樣，他們表現出的那種強壓剋制、欲哭無淚的痛楚也顯得更加深沉，更加震撼人心。

焦慮緊張是現代人精神世界的重要組成部分，這種情緒在北平現代主義詩歌中得到了充分體現。在這些詩人當中，最善於感受和表達內心的焦慮和尖銳痛楚的就是曹葆華。因而他的詩作也表現出一種特有的艱澀沉鬱的現代性品格。他筆下的意象往往刺激讀者的耳目，使人直接感受到他淋漓狂亂的悲痛：

> 也曾去向迢遠的城市
> 買取五尺破舊的棺材
> 難道為了誰，要不是
> 收埋自己殘夢的冷夢
> 夢裏一顆血淋淋的心〔註83〕
>
> 叫不開千百重古墓門
> 一鞭跳入沉黑的潭底

〔註81〕　朱自清：《北平消息》，《朱自清全集》第 4 卷第 386 頁，江蘇教育出版社，1988年。

〔註82〕　卞之琳：《〈雕蟲紀歷〉自序》，《雕蟲紀歷》第 2 頁。

〔註83〕　曹葆華：《無題》。

　　撈起血淋淋的死人頭

　　呈作世界第一個贈禮〔註84〕

詩人的焦慮心情是從現實社會出發的，但經過現代性的提煉和昇華，這焦慮突破了現實憂憤，達到了生命思考的哲理性層次。「棺材」、「鮮血」、「古墓」、「死人頭」等驚人心魄的意象傳達出詩人直面鮮血和死亡時的沉思。這樣的意象時時出現在曹葆華陰鬱沉痛的詩歌世界中，營造出緊張刺激的意境，它們是詩人內心焦慮痛苦的最好載體，其鮮明的藝術效果展示出現代人特有的複雜的內心世界。

　　對時間的焦慮也是詩人面對生死問題思考時表現出來的內容。當「中年白髮更稀少了／飄落在地上錚然有聲」，詩人一方面仍想追逐遙遠的理想，而另一方面又彷彿已能看到「自己晦色的墓碑」〔註85〕。在這種兩難中不斷掙扎的詩人自稱「白髮人」，他們焦慮而絕望地看「城門外正哭過白髮人／送著黑車向遠方走去」〔註86〕。這是詩人對自我生命流逝的慨歎。他們以現代人特有的形式表達了這一富有哲理性的思考。

　　除了對現實社會與個體生命的反思與焦慮以外，詩人還有更高層次的超越，他們將目光投向全人類的範圍，表現出了對人類社會和人類命運的整體觀照。這種對全人類命運的大焦慮使北平「前線詩人」們再次與艾略特的思想不期而遇。艾略特將世界比作荒原，看到了人類因墮落而導致的「水裏的死亡」。林庚則將人類比作「蛀滿了蠹蟲的木頭人」，並看到了這個木頭人「絆腳於周圍／終於有因此跌死的一天」〔註87〕。這兩種思想都是對當下人類墮落的批判，也是對人類未來提出的警告。

　　林庚的另一首詩作也表現了同樣的主題：

　　十月的陽光如同情一樣微薄

　　露出地殼原本是冷的來

　　遂令醜惡的形狀尖棱的

　　彼此無相干的羅列著

　　末日的來到

〔註84〕曹葆華：《無題》。

〔註85〕曹葆華：《無題》。

〔註86〕曹葆華：《無題》。

〔註87〕林庚：《在》。

太陽系中

遂只見地球而不見人！

遠年歷史的痕迹

留在黃沙上的

彷彿是光明的人的足迹

已久凍成了模型

再不使用了，於是

大塊岩石消遣著

早晚吹來的風

（與許多踞在上面的動物）

一日古時的洪水

乃奔波而前來〔註88〕

與「荒原」意識一樣，林庚首先對人類的精神荒蕪提出了尖銳的批判，指出同情的微薄、人心的寒冷與醜惡，以及人性的喪失──「只見地球而不見人」。他以預言的形式詛咒這些醜惡帶來的人類自我毀滅的末日。他希望傳說中「古時的洪水」能夠真正蕩滌一切醜惡，徹底改變現狀。林庚說過，他自己並未受到艾略特的影響，因此，這種相似也就應被看作兩種不同文化背景的現代主義詩人在思想上的殊途同歸。中國詩人雖然沒有艾略特的宗教救贖思想，但他們同樣希望得到濟世之水，金克木的「鳩喚雨，喚雨為人吧？」〔註89〕的呼喚不就和艾略特苦旱求雨的渴望有異曲同工之妙麼？可以說，「前線詩人」的極度焦慮和深刻批判已經成為中國詩壇上先鋒精神的代表。

　　終於，這個極度焦慮的「自我」被何其芳塑造成了一個「白首狂夫」的形象。在長達 47 行的《箜篌引》〔註90〕一詩中，「白首狂夫」雖然只出現了一次，但卻成為全詩最核心的意象，甚至可以說，正是這個形象引發了詩人最初的詩思。這一點，從詩名和小序中就都可以看出。何其芳在序中詳細解釋了這個意象的由來：

　　古今注：箜篌引者朝鮮津卒霍里子高妻麗玉所作也。子高晨起刺船，

〔註88〕林庚：《末日》。

〔註89〕金克木：《鳩喚雨》。

〔註90〕見《水星》第 2 卷第 3 其（1935 年 6 月），收入詩集《預言》和《漢園集》時改題目為《風沙日》，並刪去了詩序。

> 有一白首狂夫被髮提壺，亂流而渡，其妻隨而止之，不及，遂墮河
> 而死，於是援箜篌而歌曰：公無渡河，公竟渡河。墮河而死，當奈
> 公何。聲甚悽愴。曲終亦投河而死。子高還以語麗玉，麗玉傷之，
> 引箜篌而寫其聲。

在這裡，「白首狂夫」顯然是一個因極度悲傷焦慮變得瘋癲狂亂的形象，他的身上有一種明知不可爲而爲之的精神，他的赴死更像是極度壓抑後的爆發。何其芳將這個形象用在了詩中的「我」身上：

> 我正夢著我是一個白首狂夫
>
> 被髮提壺，奔向白浪呢。

詩人將「白首狂夫」的焦慮、爆發和倔強賦予了現代人的色彩，目的就在於表達自己對身邊現實的激憤之情。何其芳對這個形象的選擇當然不會是信手拈來。既然他的美學觀念不允許他在詩中直抒胸臆，那麼，這個「白首狂夫」帶有極端性的情感特徵和行爲結局無疑就是他傳達自己強烈情感的最佳形象。

從「一個年青人在荒街上沉思」，到「我是一個白首狂夫」，詩人感情程度的加深是一目了然的。「前線詩人」沉思的內容在深入和擴大，他們的痛苦和焦慮也與日俱增。但是，正因他們將激烈的情感深藏於豐富的意象背後，所以很多人忽略了這些，反而認爲他們遠離了現實，這實在是一個很大的誤解。李健吾曾經說：「我厭惡四十萬人還在飲淚度日，向讀者俯首乞憐，不知自己尚有所謂尊嚴。人生慘苦莫如坐視兒女餓死，但是杜甫絕不呼天搶地，刻意描畫。他越節制悲哀，我們越感到悲哀的分量，同時也越景仰他的人格。」〔註91〕這裡，讓我借用李健吾的話讚美北平的「前線詩人」們：雖然他們的現實批判和沉痛思索曾被人忽視甚至誤解，但當我們終於剝開意象的外表探測到他們內心激蕩的脈搏時，我們也不禁「越感到悲哀的力量，同時也越景仰他們的人格」。

三

因爲不斷地對現實、人生和人類命運等大問題提出追問，現代主義詩人的思想必然要進入哲理性的層面。他們在對環境的批判和追問的基礎上，進而深入到對自我生命的意義與價值的懷疑和否定。這就是他們最具現代品格

〔註91〕李健吾：《〈畫夢錄〉——何其芳先生作》，《咀華集》第 204 頁。

的一類沉思——對自我生存狀態「荒誕」性的思考。

　　「荒誕」是一個哲學範疇，它是存在主義哲學思想的核心，意指生命存在的無意義性。這裡並不是說 1930 年代北平的「前線詩人」就已開始接受存在主義哲學的影響，並出現了成熟的思考，我關注的是他們如何在作品中通過反思現實生活中的怪誕現象而進入對自我生存狀態的質疑，從而接近了有關「荒誕」性的思考。事實上，他們這類思考還遠未達到哲學高度，大部分內容還祇是較高層次的現實批判和帶有哲理色彩的沉思。但即便如此，在當時的中國詩壇上，他們這種意識還是呈現出了明顯的先鋒姿態。他們對怪誕現象的反思和對荒誕生存狀態的追問，以及對自我生命的意義和價值表示出的懷疑和否定，都說明他們已在一步步地接近更具現代性的哲學思潮。

　　嚴格的說，「荒誕」與「怪誕」不同，前者是哲學範疇，後者祇是泛指生活中不合邏輯、不可理解的現象。但是，詩人正是通過對現實生活中怪誕現象的關注和揭露傳達他們對自我生存狀態的初步反思的。比如詩人注意到「小和尚騎著自行車／馳過前年的紫禁城／在社稷壇前繞了又繞」的「怪」景；也看到「太陽下人影踏著人影／爭看女人變成了男子」〔註 92〕的中國特有的荒謬現象；還有在空襲將至的北平街頭，擁擠的人們面對生命危險的無動於衷，在民族危亡的時刻仍只熱衷於一己的悲歡生死，這類景象讓詩人感到「茫然的納悶」和強烈的不滿——「詩人的心中宇宙的愚蠢」〔註 93〕。一方面，詩人將這些景象表現得非常怪誕，加強了諷刺效果和現實批判的力度，而另一方面，詩人正是通過這種怪誕的描繪傳達他們對自我生存環境的反思和對生存狀態的追問。生活中有那麼多怪誕的現象，而在其他很多人看來，這些現象又都是正常的，詩人將這些現象描繪出來並提出質問，這本身就說明他們是在有意識地反思和懷疑自己的生存環境和生存狀態。

　　當然，不能說這種思路就來源於存在主義哲學，我認為它們更多的是受波德萊爾的「審醜」觀念及其它現代主義思想的影響。但是，詩人畢竟是正在走向哲思，尤其是在此基礎上他們提出了一系列具有哲學高度的問題：「我在哪裡？」「我是誰？」「我是活著，還是死了？」「生命到底有什麼意義？」……

　　何其芳曾追問過：「夜色和墨暗的思想使我感到自己的迷失。我現在到底

〔註 92〕曹葆華：《無題》。
〔註 93〕廢名：《北平街頭》。

在哪兒？」〔註94〕這裡，他已表現出強烈的懷疑精神。繼而他又在詩作中大聲疾呼：「『這不是我底家！』是的，不」〔註95〕。如果說「荒街」上的徘徊寄託了詩人對精神家園喪失而產生的焦慮和痛苦，那麼這裡表現出來的「迷失」則更是一種對生命終極意義的追問。從懷疑到否定，何其芳們走的正是一條現代主義思想的必經之路。與他相似，曹葆華也曾在「天河裏迷失了自己」〔註96〕：

> 扛起十字架仍向前走
> 尋夢，還是要尋找自己
> ……
>
> 自己迷失在幽林裏
> 古塔的鐘聲指不出路
> 漆黑處閃出一雙眼睛
> 是誰，獨自哭泣著死亡〔註97〕

「尋夢」是追求理想，夢的迷失也就是理想的失落，這也許並無更深的哲學內涵。但「尋找自己」的意義則不同了，詩人在追尋理想的基礎上對自我的生命發出了叩問，對人類生存的意義提出了懷疑。這種迷失的終極答案就是那雙直截注視「死亡」的眼睛。

曹葆華還曾以丟失「鑰匙」來象徵自我生命意義的迷失：

> 設想自己游歷亂山中
> 掉了身邊古怪的鑰匙
> 歸來開不了一椽茅屋
> 安放下無邊空漠的心
> （還有多少白日夢
> 也閃著各樣顏色）〔註98〕
> 醒來了，孤冷的靈魂

〔註94〕何其芳：《燕泥集後話》，《何其芳文集》第2卷第60頁，人民文學出版社，1982年。

〔註95〕何其芳：《六月插曲》。

〔註96〕曹葆華：《無題》。

〔註97〕曹葆華：《無題》。

〔註98〕曹葆華：《無題》。

像在夢中掉了鑰匙

回不到永恒的山洞〔註99〕

這就是說，以往對生命的理解已不復存在，原有的生存狀態發生了改變，詩人再也無法回到原來棲身的「茅屋」和「永恒的山洞」了。詩人以丟鑰匙象徵著自己精神歸宿的喪失和生命意義的失落，他對原有的人生理解產生了徹底的懷疑和否定。

對生存狀態的懷疑使詩人重新思考生與死的矛盾。他們的作品中於是出現了這樣的奇異境象：

奔向那迢遙的天門外

看百尺城樓上有黑榜

懸著自己朱紅的名字〔註100〕

彷彿跋涉在荒野

循磷火的指引前進

最終是一個古代的墓壙

我折身歸來

心裏充滿生底搏動

但走入我底屋子

四壁剝落

床上躺著我自己的屍首〔註101〕

在這兩首詩裏，詩人彷彿超越了生死界線，以新的高度審視自己的存在。在豐富和怪誕的意象背後，是詩人深沉的自問：「我是活著，還是死了？」他們以現代主義藝術的表達方式提出了這個人類永恒的命題，反映的是他們對已有生存狀態的徹底否定。

詩人經由反思怪誕現實進入追問生存狀態，他們的思考漸漸接近了哲學的高度。與這些哲理性沉思相比，真正體現了存在主義哲學思想的是卞之琳的小詩《投》：

獨自在山坡上，

〔註99〕曹葆華：《無題》。

〔註100〕曹葆華：《無題》。

〔註101〕何其芳：《六月插曲》。

小孩兒，我見你
一邊走一邊唱，
都厭了，隨地
撿一塊小石頭
向山谷一投。

說不定有人，
小孩兒，曾把你
（也不愛也不憎）
好玩地撿起，
像一塊小石頭，
向塵世一投。

以小孩子扔石子般的無心、無意義和無目的性來象徵生命的產生，這無疑是對生命神聖意義的全面消解。卞之琳也許未必意識到自己這一思想與存在主義哲學的「荒誕」感相一致，他不過是在日常生活的一個普通場景中引發了人生哲思。但正是這一哲思，反映出「前線詩人」的現代性思想已經達到了相當的高度。

「荒街上的沉思者」們關注現實，也關注自我的內心，更關注人類的生存和命運。在他們的精神世界裏交織著現代人的寂寞、漂泊、痛苦和焦慮。雖然他們的哲學思想還遠遠稱不上成熟，但他們的思想仍代表了那個時代中國詩人的一種高度。作為現代主義詩歌發展過程中的一個階段，他們為 1940 年代穆旦等人的出現打下了極為重要的基礎——這個基礎不僅體現在詩藝和美學的高度上，同時也體現為一種思想和情感的深度。

歷史地看來，1930 年代北平「前線詩人」衹是 20 世紀中國知識份子中一個很小的群體，由於生活時代和社會環境等方面具體條件的影響，他們在文學創作中表現出來的心態也具有一定程度的獨特性。但總的來說，這種獨特性是相對的，作為 20 世紀中國知識份子群體的組成部分，他們的「獨特」其實更具有一種階段性的特徵和過渡性的意義。也就是說，在他們的心態特徵中，我們可以透視出中國現代知識份子心路歷程中的一個重要階段和關鍵環節。

詩為心聲。時人心態更是歷史的一種特殊形式。事實上，詩人在作品中呈現出來的心態，也正是他們有意無意要傳達給社會或留給歷史的。因此，

發掘並叩問「前線詩人」們的心聲，也是後人與他們之間的一場超越時間的對話。在那躍動的心靈之聲中，我們不僅可以感受到一種心的呼應，同時也得以眞切地把握和觸摸到一些更鮮活、更具體、更個性化的歷史場景。

第六章　協奏與獨響

「京派」一向主張自由寬容、個性抒張，而 1930 年代的平津文壇也確乎是一個自由的所在。在這裡生活、思想和寫作著的「前線詩人」們，既有相同的文學觀念和藝術主張，同時又各具風格特色，呈現著繽紛多元的面貌。本章擇取數位詩人或批評家，希望通過具體的分析，在一定程度上呈現「前線詩人」內部豐富的美麗。

第一節　「智慧之美」——卞之琳詩歌的智性化特徵

現代主義大師艾略特曾經說過，「理智詩人和思辨詩人之間的區別」就在於，理智詩人「他們思考，但是他們並不直接感覺他們的思想，像他們感覺一朵玫瑰花的香味那樣。」而對思辨詩人來說，「一個思想……就是一種感受，這個思想改變著他的情感。」他們能夠「把他所感興趣的東西變為詩歌，而不是僅僅採用詩歌的方式來思考這些東西。」他們擁有一種特殊的能力，即「能夠把思想轉化成為感覺，把看法轉變成為心情的能力。」〔註1〕如果以這一分類標準來衡量中國現代詩人的話，我認為，卞之琳則是其中當之無愧的「思辨詩人」，而且是最傑出者之一。

曾有研究者提出，卞之琳是一位「智力詩人」〔註2〕。在我看來，這個稱謂不無片面。因為，嚴格地說，卞之琳並非「智力」超人，而且他從未在創

〔註 1〕 艾略特：《玄學派詩人》，《艾略特文學論文集》，百花洲文藝出版社，1994 年。
〔註 2〕 張同道：《探險的風旗——論 20 世紀中國現代主義詩潮》第 228 頁，安徽教育出版社，1998 年。

作中故意賣弄過「智力」，也未嘗與讀者做過文字的「智力遊戲」。雖然他的不少作品被人形容為「晦澀」的「迷宮」，但那都並非出於「智力」的原因，而是其內容的思辨性和結構的張力構成的。

因此，與其稱卞之琳為「智力詩人」，不如稱他為「思辨詩人」更為確切。他的思辨當中固然包含著智力的因素，但更重要的，是他作品中所蘊含的哲理與智慧。換句話說，卞之琳是在「感受思想」，並將之轉化為詩歌的「感覺」和「心情」。如要從他本人的理論和創作總結中尋找對應的稱謂，最合適的大概就是他在《關於〈魚目集〉》中所說的那句話：

> 算是「心得」吧，「道」吧，「知」吧，「悟」吧，或者，恕我杜撰一個名目，「beauty of intelligence」。〔註3〕

在我看來，「beauty of intelligence」的最準確的譯法應為「智慧之美」。這種「智慧」，既包含著「理智」、「才智」、「理性」、「智力」等層面，同時又應高於它們之中的任何一個方面。

依卞之琳本人的解釋，「intelligence」既包含理性的「知」，也包含感性的「悟」；同時，它既是客觀的「道」，也有主觀的「心得」。因此可以說，卞之琳的詩歌所體現的正是這樣一種哲思與詩美的完美結合，而這種結合，又正是通過詩人的「智慧」感受並傳達出來的。

卞之琳的思辨並不像廢名的哲學那樣帶有鮮明的宗教深玄意味，同時，它也不完全等同於中國古代文人的「理趣」和「悟道」。卞之琳的思辨帶有一種科學化、理性化的「分析」特徵，它不表現為深奧的哲學，而以「智性」的面目出現在詩歌作品中。

很多研究者已注意到，卞之琳自己就是他詩中所刻劃的「在荒街上沉思」的人，而且「這個沉思者（或『多思者』、『玄思者』）的形象貫穿了他早期的詩篇，成為一種特色。」〔註4〕我想，這一特色的形成首先就源於詩人對思辨的偏愛。事實上，「沉思」不僅是卞之琳早期詩作的特色，它還隱約貫穿在其一生的創作之中。可以說，他的《慰勞信集》及解放後的詩作，之所以沒有像其他很多詩人的同時期作品那樣口號化和概念化，也多是依賴於這種「智慧之美」。

〔註 3〕卞之琳：《關於〈魚目集〉》，《大公報‧文藝》第 142 期，1936 年 5 月 10 日。
〔註 4〕張曼儀：《「當一個年輕人在荒街上沉思」》，《卞之琳與詩藝術》第 108 頁，河北教育出版社，1990 年。

除了個人趣味和性格的影響，卞之琳選擇詩歌的「智性化」追求，還受到了以艾略特爲代表的西方現代主義詩潮的影響。與此同時，卞之琳又是一位在中國推廣和實踐詩歌「智性化」追求的最有力和最有成就的詩人之一。這類「智性化」作品，不僅是他個人創作的重要代表，同時也是中國現代主義詩歌成就的高度的體現。

已往對卞之琳的研究對其詩歌「智性化」特徵已給出了充分的發現和肯定，對此這裡不再重複。本節希望從卞詩的文本出發，對其「智性化」特徵的核心、組成與表達等方面進行一些探討。

一

從 1920 年代穆木天提出「詩要有大的哲學」開始，直到 1940 年代袁可嘉等人提出並努力實踐「現實‧玄學‧象徵」的結合，中國現代詩人一直在嘗試以各種方式將詩歌藝術審美與個人哲思結合起來。在這個探索的過程中，卞之琳是極爲重要的一個環節，他的創作實踐所起到的作用和影響都是相當巨大的。可以說，他對於哲理詩的創作嘗試啓發了很多後起之秀。本文的討論，從那首引起過爭論，同時也確立了卞之琳詩壇哲人地位的《斷章》開始：

> 你站在橋上看風景，
>
> 看風景人在樓上看你。
>
> 明月裝飾了你的窗子，
>
> 你裝飾了別人的夢。

由於卞之琳本人很早就因李健吾對此詩的「誤解」而發表了自白——「我的意思也是著重在『相對』上」〔註5〕，所以後來的研究與解讀基本沒有出現什麼重大分歧。批評者們對該詩所蘊含哲思的分析的推進，大多是小幅度的。無論是對「主客易位」意思的提煉〔註6〕，還是對「你（或我）和人，橋和樓，明月和你（或我），窗子和夢」等多個「對照」的列舉〔註7〕，抑或對其中「莊子相對論」或「系統論」的挖掘，都沒有超出詩人自己半個世紀前給出的解釋的框架。至於「且把它看作是一首情詩，表現的是『你正被人悄悄愛著

〔註5〕 卞之琳：《關於〈魚目集〉》，《大公報‧文藝》第 142 期，1936 年 5 月 10 日。

〔註6〕 余光中：《詩與哲學》，《卞之琳與詩藝術》第 137 頁，河北教育出版社，1990 年。

〔註7〕 屠岸：《精微與冷雋的閃光》，《卞之琳與詩藝術》第 93 頁。

這麼一個意思」之類的解釋，則更是走了回頭路〔註8〕。本節無意重複做出具體的解讀，我所要強調的是，作為《斷章》一詩的核心的「相對」觀念，其實也正是卞之琳整體性哲學思考的一個核心和基點，在這個意義上說，《斷章》也就具有了第一次清楚揭示詩人哲思核心的重大意義。

卞之琳在文學作品中涉及對「相對」觀念的思考，並非自《斷章》始。但是，《斷章》無疑做了一次最直接、最完整，也最精煉的表達。說到「相對」觀念的內涵，其實詩人自己有著極明確的闡述。在散文《成長》中，他說：

> 把一件東西，從這一面看看，又從那一面看看，相對相對，使得人聰明，進一步也使得人糊塗。因為相對相對，天地擴大了，可是弄到後來容易茫然自失，正如理髮店裏兩邊裝鏡子，你進了門左右一望，該不能再笑初進大觀園的劉姥姥了。

說得簡單一些，卞之琳的「相對」觀念其實就是「從這一面看看，又從那一面看看」開始的。這是一種對「自我中心」的超越，更是一種對單一視角的擺脫。所以，他的「相對」觀念不是「遞加」，也不是「聯環」〔註9〕，而是平等地對照和互觀。他不重「二而一」的「合」，而重在「一而二」的分。

這種基本觀點極大程度地支配了卞之琳的創作思路。無論隱顯，他的很多作品中都體現著這種雙向的視角。這種雙向包含著「自我」與「他人」、「過去」與「現在」（或「過去」與「未來」、「現在」與「未來」）、「此地」與「彼處」、「宏觀」與「微觀」、「大」與「小」、「新」與「舊」，「虛」與「實」等等。可以說，只要是雙向的平等的「對照」，都是卞之琳思考和用詩歌表達的對象。

卞之琳自己曾在解釋《圓寶盒》的創作思路時說：

> 一切都是相對的，我的「圓寶盒」也可大可小，所以在人家看來也許會小到像一顆珍珠，或者一顆星。比較玄妙一點，在哲學上例有佛家的思想，在詩上例有白來客（W. Blake）的「一砂一世界」。合乎科學一點，淺近一點，則我們知道我們所看見的天上一顆小小的星，說不定要比地球大好幾倍呢；我們在大廈裏舉行盛宴，燈燭輝煌，在相當的遠處看來也不過「金黃的一點」而已：故有此最後一

〔註8〕 楊萬翔：《卞之琳的〈斷章〉為何耐讀？》，《卞之琳》，人民文學出版社，1995年。

〔註9〕 余光中：《詩與哲學》，《卞之琳與詩藝術》第138頁。

語，「好掛在耳邊的珍珠──寶石？──星？」〔註10〕

可以說，卞之琳的「相對」觀涵蓋了大至宇宙，小到日常瑣事的一切人與事。就連從小孩子的「淘氣」當中，他也發現了「相對」帶來的樂趣──「我」寫下的「我眞是淘氣」，到了你的口中，淘氣的人就變成了「你」。〔註11〕

張曼儀曾經在其研究中指出，「距離」、「對照」和「變易」是卞之琳詩作最主要的三種組織，也是他詩思中最基礎的三條思路。〔註12〕這是很正確的。但我要說的是，經過進一步分析就可以發現，時空的「距離」和人與事的「變易」，歸根結蒂還是來自「相對」的觀念。

卞之琳對時空距離的思索就重在其相對性。孔子的「水哉，水哉！」之歎是對時間「絕對」的長逝的認識，而莊子卻「把『絕對』打個粉碎。他說彭祖算得了什麼長壽！『楚之南有冥靈者，以五百歲爲春，五百歲爲秋；上古有大椿者，以八千歲爲春，八千歲爲秋』。『朝菌不知晦朔；蟪蛄不知春秋』。」〔註13〕卞之琳認識到了兩種哲學的不同，並同時表現出了對莊子思想的趨近。

憑藉這種「把『絕對』打個粉碎」的觀念，現代的詩人可以在「尺八」的「唐音」裏重回歷史，感悟「霓虹燈的萬花間」中的「一縷凄涼的古香」〔註14〕。同樣，他也能在閱讀《羅馬衰亡史》的刹那，重溫 1500 年前「羅馬滅亡星」的光輝〔註15〕。卞之琳自己解釋道：「這裏涉及時空的相對關係」〔註16〕，「單純的尺八像一條鑰匙，能爲我，自然是無意的，開啓一個忘卻的故鄉」〔註17〕。這種「秦時明月漢時關」的意境，無疑打破和超越了時間的絕對界限。因此，詩人說：「一刹那未嘗不可以是千古。淺近而不恰切一點的說，忘記時間。具體一點呢，如紀德（Gide）所說，『開花在時間以外』。」〔註18〕

時間與空間是相關的。就像《尺八》和《距離的組織》道出時間的「相

〔註10〕卞之琳：《關於〈魚目集〉》，《大公報・文藝》第 142 期，1936 年 5 月 10 日。

〔註11〕卞之琳：《淘氣》。

〔註12〕張曼儀：《「當一個年輕人在荒街上沉思」》，《卞之琳與詩藝術》第 117～127 頁。

〔註13〕卞之琳：《成長》。

〔註14〕卞之琳：《尺八》。

〔註15〕卞之琳：《距離的組織》。

〔註16〕卞之琳：《距離的組織》「注 1」。

〔註17〕卞之琳：《尺八夜》。

〔註18〕卞之琳：《關於〈魚目集〉》，《大公報・文藝》第 142 期，1936 年 5 月 10 日。

對」的同時，也體現出「海西」與日本，地球與「羅馬滅亡星」之間的空間距離的相對性。在詩人的眼裏，絕對的空間距離並不存在。天文學家用望遠鏡都無法窮盡的空宇，和一個人與自身靈魂之間的距離，你能說出哪個更遠、哪個更近？同樣，「窗檻上一段蝸牛的銀迹」與「輪船向東方直航了一夜」所走的「二百海里」路程之間〔註19〕，又應以怎樣的標準來丈量？所以詩人說：「一顆晶瑩的水銀／掩有全世界的色相，／一顆金黃的燈火／籠罩有一場華宴，／一顆新鮮的雨點／含有你昨夜的歎氣……」。因此，不「上什麼鐘錶店」，也不「上什麼古董鋪」，詩人參悟了時空的相對關係。然後，他感悟道：「我倒像環球旅行了一次。」〔註20〕

討論「變易」的觀念，其實仍無法擺脫時空觀與相對觀。那「水哉，水哉！」的長歎，是對時間的體味，也是對「變易」的喟歎。而對「生生之謂易」的理解也是對「相對」的更新更高的認識。卞之琳說：「魚成化石的時候，魚非原來的魚，石也非原來的石了。這也是『生生之謂易』。近一點說，往日之我已非近日之我，我們乃珍惜雪泥上的鴻爪，就是紀念。」〔註21〕這不是再明確不過地指出了「變易」與「相對」、「時空」的深刻聯繫嗎？

但是，即便如此，「變易」仍不是永恒的，它可以「出脫」：

　　請看這一湖煙雨

　　水一樣把我浸透，

　　像浸透一片鳥羽。

　　我彷彿一所小樓，

　　風穿過，柳絮穿過，

　　燕子穿過像穿梭，

　　樓中也許有珍本，

　　書頁給銀魚穿織，

　　從愛字通到哀字——

　　出脫空華不就成！

這就是說，在卞之琳的眼中，「變易」仍可被「還原」，而這「變」與「還原」都是相對的。即使是「黃色還諸小雞雛／青色還諸小碧梧／玫瑰色還諸玫

〔註19〕卞之琳：《航海》。
〔註20〕卞之琳：《成長》。
〔註21〕卞之琳：《魚化石》「注4」。

瑰」……。〔註22〕

　　在以「相對」的觀念思考了一切之後，詩人沒有忘記以「相對」觀反觀「相對」自身。他說：

　　　　要知道，絕對呢，自然不可能；絕對的相對把一切都攪亂了：何妨
　　　　平均一下，取一個中庸之道？何妨來一個立場，定一個標準？何妨
　　　　來一個相對的絕對？〔註23〕

「絕對的相對」使得卞之琳自己也險些變成了初進大觀園的劉姥姥，而當一切都被攪亂了的時候，詩人的智慧展現了出來。當然他不可能提出什麼解決問題的方法，但他至少表達了他對自己哲思的進一步反思。他說：「在春天裏說秋天」，「花剛在發芽吐葉，就想到萎謝」；在還鄉之前就想到要再次離開故土；在「上車站接你的親人」時，就「預先想到了一兩個月後送喪似的淒涼」……。這些取消「當下」與「未來」，過程與結果的做法，的確超越了絕對時間，但也同時使人陷入「荒涼」和「萎頓」〔註24〕。

　　卞之琳作為詩人，他關注一種思想和觀念給人的心靈和情感帶來的影響，要遠遠勝於關注這個思想和觀念本身。因此，他在紛亂中將目光停在了那種「回過頭來，一片空白」的情感體驗上，而沒有深陷進一個不可自拔的理論兩難。作為一個目的在於以詩為載體表達思想的詩人，卞之琳的確較為成功地把握住了分寸。

　　可以說，抓住了「相對」的思想，也就抓住了卞之琳的基本思路，更抓住了解開他許多詩歌作品內涵的鑰匙。那麼，接下來的問題便是，卞之琳的這一思想是如何形成、怎樣組成的呢？

　　早有研究者發現，「在卞之琳 36 年的一篇散文《成長》中，我們能追溯到他詩中現代觀念的全部古典精神的源頭。」〔註25〕特別應該指出的是，他的「相對」觀念的主要源頭即在於此。

　　其實，卞之琳的思想並不完全是對莊子思想的重複。正如前面已經說過的，他反對將「相對」也絕對化。所說他一方面說：「莊子，你該含笑了。你扮起孫悟空，大鬧『絕對』的天宮，雖然一個筋斗十萬八千里，依舊翻不出

〔註22〕卞之琳：《白螺殼》。
〔註23〕卞之琳《成長》。
〔註24〕同上。
〔註25〕江弱水：《一縷淒涼的古香——試論卞之琳詩中的古典主義精神》，《卞之琳與
　　　　詩藝術》第99頁。

如來佛的手掌，可是你究竟演了一齣好戲。」但同時他又說：「塵土歸塵，你結果還是歸於一抔黃土，何苦來！」卞之琳要的，其實是一個近乎「中庸」、但又比「中庸」更為積極的做法。也許可以說，在這一點上，他始於莊子而最終接近了孔子。所以他說：

> 也罷。讓種菊人來澆水吧，為我培養秋天吧。或者我自己培養一種秋天吧，⋯⋯我們不妨取中庸之道，看得近一點，讓秋天代表成熟的季節，在大多數草木是結果的季節。各應其時，各展其能吧。在大多數草木，花是花，果是果；在一部分草木，花即是果，例如菊花。〔註26〕

這種思路也許看上去顯得有些自相矛盾，但深究其裏可以看出，作為一個「感受思想」的詩人，卞之琳最終必然落入無奈的境地，而將「相對」相對化，正是他從中尋得一條實際的人生出路的唯一辦法。

卞之琳是個中外文化底蘊都相當豐厚的詩人，所以他的「相對」觀念也不例外地同時受到中國古代哲學家和西方現代科學成果的雙重影響。雖然並無材料證明卞之琳直接接觸過愛因斯坦的「相對論」理論。但在一些相關材料中，我們也可看出些端倪。比如，卞之琳在回憶他的老師和他走上詩壇的領路人徐志摩時曾說：「他自謙不懂科學，可是他老早就發表文章介紹過愛因斯坦的『相對論』。」〔註27〕眾所週知，他為人為詩所受徐志摩影響極大，那麼，徐志摩對「相對論」的關注是否也多少影響了身為晚輩的他呢？此外，卞之琳在 1934 年翻譯普魯斯特的《往日之追尋》片斷時作「按語」說：「這裡的種種全是相對的，時間糾纏著空間，確乎成為了第四度（the fourth dimension），看起來很玄，卻正合愛因斯坦的學說。」〔註28〕從這裡也可看出，卞之琳雖然或許遠未理解「相對論」，但至少他感興趣於這一學說的內容和思想，並在一定程度上瞭解一些相關的基本知識與觀點。

綜合這幾條材料，我們至少可以這樣說：中國古代哲學中的「相對」思想和西方現代科學中的相關理論，都有可能是卞之琳「相對」觀念的形成原因和組成部分。

〔註26〕卞之琳：《成長》。

〔註27〕卞之琳：《徐志摩詩重讀志感》。

〔註28〕見卜羅思忒：《睡眠與記憶》，《大公報・文藝副刊》第 43 期，1934 年 2 月 21 日。

二

　　1937 年，柯可（金克木）第一次提出「新智慧詩」的概念，用以總結 1930 年代詩壇上出現的新的詩歌類型。這種詩歌「以智慧爲主腦」，「極力避免感情的發泄而追求智慧的凝聚」，「以不使人動情而使人深思爲特點」〔註 29〕。而在實踐和推進這類「新智慧詩」的詩人中，就有卞之琳。

　　中國的「新智慧詩」與以艾略特爲代表的西方現代主義詩潮的影響是分不開的。這種影響同樣明顯地表現在卞之琳的詩歌創作和理論形成中。卞之琳自己曾明確地說：「寫《荒原》以及其前短作的托·斯·艾略特對於我前期中間階段的寫法不無關係。」〔註 30〕研究者們常以這條材料來說明卞之琳與艾略特的關係。其實，比這更能有力地說明卞之琳所受艾略特影響的是，卞之琳早在 1934 年 5 月就翻譯了艾略特的理論名篇《傳統與個人的才能》〔註 31〕。就目前的材料而言，卞之琳應是中國翻譯此篇文章的第一人。在他之後，中國詩壇才更爲重視這篇文章以及其中的重要觀點，詩人和理論家們又多次譯介過此文。雖然據研究者考證，卞之琳譯《傳統與個人的才能》是應《學文》雜誌主編葉公超之約，但這並不影響我們下結論說，卞之琳是中國現代詩人中較早接觸和接受艾略特詩學思想的一位。可以想像，如無前期的關注、共鳴和準備，熟知文壇狀況並瞭解文友思想動態的葉公超也不會專門去約卞之琳來作譯者。所以我們完全可以說，卞之琳對《傳統與個人才能》的翻譯本身就說明了他與艾略特的共通。

　　在這篇《傳統和個人的才能》的譯文裏，卞之琳向中國詩壇傳達了艾略特的那個最著名的觀點：

> 　　詩歌不是感情的放縱，而是感情的脫離；詩歌不是個性的表現，而
> 　是個性的脫離。

這不僅是艾略特此文的中心觀點，同時也是中國詩壇對其詩學思想接受的重點。卞之琳對此當然有深入的理解與共鳴。事實上，這一觀點代表了現代主義詩歌「智性化」的重要原則，同時也是卞之琳詩歌有別於他人的重要特徵。

　　卞之琳自身就是一個力圖脫離情感與「個人」的思辨詩人，是艾略特詩學理論的積極追隨者和實踐者。當然，也正如艾略特所說：「只有具有個性和

〔註 29〕 柯可：《論中國新詩的新途徑》，《新詩》第 4 期，1937 年 1 月 10 日。

〔註 30〕 卞之琳：《〈雕蟲紀歷〉自序》，《雕蟲紀歷》第 16 頁，人民文學出版社，1979 年。

〔註 31〕 見《學文》創刊號，1934 年 5 月。

感情的人們才懂得想要脫離這些東西是什麼意思。」卞之琳的這種「脫離」，並未使他的作品失去感情和個性，恰恰相反，卞之琳是真正擁有了自己獨特的情感傳達方式和個性展示手法。

在很多讀者的印象裏，卞之琳是個理智得近乎「冷血」的詩人。在他的作品中，不僅很少奔放的情感發泄，甚至連不經意的情感流露都不多見。他自己說：「我寫詩，而且一直是寫的抒情詩，也總在不能自己的時候，卻總傾向於剋制，彷彿故意要做『冷血動物』。」「我一向怕寫自己的私生活；而正如我面對重大的歷史事件不會用語言表達自己的激情，我在私生活中越是觸及內心的痛癢處，越是不想寫詩來抒發。」〔註 32〕看來，卞之琳之所以在當時西方眾多詩潮中選擇現代主義，也與其性格特徵有關。因此，卞之琳將抒情詩變得看似「無情」。無怪乎穆旦說：「自五四以來的抒情成分，到《魚目集》作者的手下才真正消失了。」〔註 33〕但是，性格的原因畢竟僅僅是一個方面，更重要的原因在於，卞之琳是在有意識地實踐一種「節制」，亦即艾略特所說的「感情的脫離」。換句話說，卞之琳的抒情詩之所以顯得「無情」，其實是因為他改變了傳達情感的方式，他力避主觀、直接、抽象的感情宣泄，採取了「以冷淡蓋深摯」〔註34〕的辦法。

詩的「無情」不等於人的「無情」。事實上，卞之琳恰恰是一個細膩多情的詩人。正如「白螺殼」雖「空靈」、「不留纖塵」，但「卻有一千種感情：／掌心裏波濤洶湧」〔註35〕。卞之琳的冷淡無情其實是一種有意識的美學追求。

1934 年，卞之琳的同道好友沈從文以上官碧的筆名在《大公報·文藝副刊》上發表了一首題為《卞之琳浮雕》的小詩：

> 兩隻手撐定了尖下巴兒，
> 心裏頭畫著圈子：
> （不是兒戲，不是兒戲，）
> 「我再活個十來年，
> 或者我這時就應當死？！」
> 說老實話生活有點兒倦，

〔註32〕卞之琳：《〈雕蟲紀歷〉自序》。
〔註33〕穆旦：《〈慰勞信集〉——從〈魚目集〉說起》，香港《大公報·文藝》，1940年 4 月 28 日。
〔註34〕同 1。
〔註35〕卞之琳：《白螺殼》。

　　唉，鐘，唉，風，唉，一切聲音！

　　（且關上這扇門，得一分靜。）

　　「天氣多好，我不要這好天氣。

　　我討厭一切，真的，只除了阿左林。」〔註36〕

就這首詩本身而言，其成就和價值都不高，但其可貴之處在於，它直接明瞭地反映了卞之琳的創作時期的思想狀況和情感世界。參照沈從文同時寫作的《何其芳浮雕》可以看出，沈從文絕無反諷之意或誇張之筆，相反，他正是想要在自己的小詩中勾勒出他的詩人朋友最主要的思想和創作特徵。

　　這首小詩透露出，卞之琳其實是一個多麼多情的年輕人，他的多情甚至帶有頹廢和悲觀的色彩。也許這種形象與他的詩歌留給人們的印象相去頗遠，但是這一值得玩味的差距卻為我們證實了一個重要結論：卞之琳的「無情」不是因為自身的情感匱乏，而是他有意脫離個人情感的結果，可以說，「感情的脫離」是卞之琳刻意實踐的美學追求。

　　除此以外，沈從文的小詩還告訴人們，卞之琳是一個極具悲觀情緒的思考者。他不斷地思考著「生死」的主題，這種思考甚至令他與社會和他人產生了一定程度的隔膜，他寧願回到自己的內心當中。這種情感影響了卞之琳的創作，使他的詩歌具有了一種不甚分明但非常一貫的悲情底色。我之所以將其稱為「底色」，是因為詩人並未把這種頹喪得近乎絕望的情緒直接表現出來，而是將其化入了一種理性的具體的表達之中。這種內心的憂鬱和悲哀如激蕩的暗流，使得卞詩節制平靜的表面下別具一種深沉與力度，他的「智慧之美」也因此更加深刻雋永。

　　類似的例子在卞之琳的作品裏俯拾皆是，如《投》中對生命之無奈和無意義的思考；以及「一個年輕人在荒街上」對國家、民族式微的痛心「沉思」〔註37〕；還有詩人在回顧和思考個體生命時的滄桑之感──「像一個中年人，回頭看過去的足迹，一步一沙漠」〔註38〕，「伸向黃昏的道路像一段灰心」〔註39〕，等等。詩人的痛苦和失望不動聲色地隱藏在理智的背後，只有深入他的詩歌世界，才能品味出其中的悲哀。這種悲情底色一經凸現，則即使是一個極為平常

〔註36〕　上官碧：《卞之琳浮雕》，《大公報・文藝副刊》第 124 期，1934 年 12 月 1 日。

〔註37〕　卞之琳：《幾個人》。

〔註38〕　卞之琳：《成長》。

〔註39〕　卞之琳：《歸》。

的意象，也能釋放出巨大的沉痛的力量。那句「北京城：垃圾堆上放風箏」〔註40〕即是如此，在一個無比平凡常見的景象中，人們分明可以感受到詩人對現時人生的深深絕望和殘存的一似對掙脫現實的強烈而美好的渴望。

雖然卞之琳在與解詩者對話的時候，常常要申明「悲哀」並非他要表達的主要情感，但這仍不能阻止犀利的讀者和評論家品味出他詩中的悲哀。李健吾就曾在《斷章》裏看到了「無限的悲哀」〔註41〕，這解釋其實並不「全錯」。事實上，卞之琳也從沒有像解釋「圓寶盒」時那樣否認這一份「悲哀」的存在，他祇是更強調自己的本意是「著重在『相對』上」。所以，正如李健吾所說：「我的解釋並不妨害我首肯作者的自白。作者的自白也決不妨害我的解釋。與其看作衝突，不如說做有相成之美。」〔註42〕這「相成」說明了「無限的悲哀」和「相對」觀念的同時存在。卞之琳多年後也承認說：「實際上，被評者，例如我這個作者，也祇是作求全的補充，健吾果然也心領神會。」〔註43〕

在《雕蟲紀歷》「自序」中，卞之琳也承認：他的一些詩「即使在喜悅裏還包含惆悵、無可奈何的命定感（實際上是社會條件作用）、『色空觀念』（實際上是階級沒落的想法）。」拋開括弧中頗具時代色彩的詮釋，我們可以直接將這段話視作詩人對自己悲情的坦白。正如張曼儀所說，這種「灰色絕望的調子，卻又與『現代』派同聲相應」。〔註44〕

無論是多情也好，或是悲情也罷，總之，卞之琳的情感世界是極爲深沉豐富的。應該說，「深情」與「節制」二者缺一不可，因爲如無其中任何一方，卞之琳都就不算是眞正實踐了艾略特的「感情的脫離」的美學原則。

在脫離情感的同時，卞之琳也在有意識地脫離「個人」，實踐著艾略特的「非個人」化的美學觀念。他吸納了小說、戲劇的手法，將個人的情感和主觀意念隱藏在虛擬的主人公後面。

早在1936年，他就自己站出來解釋說：

> 寫小說的往往用第一人稱「我」來敘述故事，而這個「我」當然不必
> 是作者自己，有時候就代表小說裏的主人公。其所以這樣用者，或者

〔註40〕卞之琳：《春城》。
〔註41〕劉西渭：《〈魚目集〉》，《大公報·文藝》第122期，1936年4月12日。
〔註42〕劉西渭：《答〈魚目集〉作者——卞之琳先生》，《大公報·文藝》第158期，1936年6月7日。
〔註43〕卞之琳：《追憶李健吾的「快馬」》，《新文學史料》1990年第2期。
〔註44〕張曼儀：《「當一個年輕人在荒街上沉思」》，《卞之琳與詩藝術》第111頁。

是爲了方便，或者是爲了求親切，求戲劇的效力……寫詩的亦然，而且，爲了同樣的目的，也常有「你」來代表「我」，或代表任何一個人，或祇是充一個代表的聽話者，一個泛泛的說話的對象。〔註45〕

這個道理不僅爲解釋卞之琳的作品打開了一扇門，同時也揭示了他詩歌創作中的藝術方法與美學追求。40多年後，詩人再次聲明：

這時期我更多借景抒情，借物抒情，借人抒情，借事抒情。沒有眞情實感，我始終是不會寫詩的，但是，這時期我更少寫眞人眞事。我總喜歡表達我國舊說的「意境」或者西方所說的「戲劇性處境」，也可以說是傾向於小說化，典型化，非個人化，甚至偶爾用出了戲擬（parody）。所以，這時期的極大多數詩裏的「我」也可以和「你」或「他」（「她」）互換，當然要隨整首詩的局面互換，互換得合乎邏輯。〔註46〕

這種手法的運用，體現了詩人對「非個人」化的追求。他在情感上和視角上越成功地逃離主觀性的約束，他就越能在詩歌中實現「智性化」的藝術效果。

卞之琳有意識地嘗試對感情和個人的「脫離」，這使得他爲詩壇開闢了一條嶄新的抒情途徑。聞一多曾面誇卞之琳在青年人中不寫情詩，這其中當然有他「一向怕寫自己的私生活」「越是觸及內心的痛癢處，越是不想寫詩來抒發」的性格原因，但更重要的是，卞之琳不是在以傳統的方法抒寫情詩。換句話說，卞之琳是以其非情感、非個人的方式改變了情詩傳統方法的抒情套路。其實，卞之琳有不少愛情題材的作品，其中的幾首《無題》更是情詩中的佳品，但是，由於他迴避了直抒個人情感，融入了智慧和思辨的內容，所以他的這類作品往往被人劃出了情詩的範圍。

三

客觀地說，卞之琳的「智慧」並不是「大」智慧，他沒有完整龐大的哲學體系令讀者傾倒，也沒有驚人的哲學高度足以使讀者感到震懾，但是，卞之琳的詩卻往往能在平靜的外表下湧起剛勁的潛流，讓讀者慢慢品味出一份悠遠的餘味。可以說，卞之琳的詩不是波濤洶湧的大海，而是那蘊藏著洶湧波濤的纖細空靈的小小「螺殼」。而造成這一效果的主要原因，就在於卞之琳將全部力量

〔註45〕卞之琳：《關於「你」》，《大公報・文藝》第165期，1936年6月19日。
〔註46〕卞之琳：《〈雕蟲紀歷〉自序》。

都集中在了日常生活和平凡瑣事當中，正是在平凡平靜之處，詩人發現和傳達著他特有的「智慧之美」，所以，他的詩歌往往能在平淡處見奇崛。

敏銳的研究者很早就發現了卞詩平中見奇的特點。卞之琳「漢園」時代的好友李廣田曾說：「詩在日常生活中，在平常現象中，卻不一定是在血與火裏，淚與海裏，或是愛與死亡裏。那在平凡中發見了最深的東西的人，是最好的詩人。」〔註47〕這段話雖是用來評價馮至的，但用在卞之琳身上也恰當不過。此外，朱自清在《新詩雜話》中也有著名的論斷：「驚心觸目的生活裏固然有詩，平淡的日常生活裏也有詩。」「假如我們說馮先生是在平淡的日常生活裏發現了詩，我們可以說卞先生是在微細的瑣碎的事物裏發現了詩。」〔註48〕李、朱之論當然準確，但在我看來，僅說卞之琳是在微細瑣事中「發現了詩」還有些不夠，實際上，更進一步說，卞之琳是以詩的形式將自己的哲思賦予了那些「微細的瑣碎的事物」。換句話說，這些細微瑣事中的詩意，其實正是詩人賦予它們的「智慧」的閃光。

這種在日常生活中發現詩、寄寓智慧的能力，早在卞之琳創作初期就展現了出來。他作於1931年的《投》就是最有代表性的一首詩：

> 獨自在山坡上，
>
> 小孩兒，我見你
>
> 一邊走一邊唱，
>
> 都厭了，隨地
>
> 撿一塊小石頭
>
> 向山谷一投。
>
> 說不定有人，
>
> 小孩兒，曾把你
>
> （也不愛也不憎）
>
> 好玩的撿起，
>
> 像一塊小石頭，
>
> 向塵世一投。

小孩子在山坡上投石子的畫面是隨處可見、平淡無奇的，但卞之琳卻在其中

〔註47〕李廣田：《沉思的詩——論馮至的〈十四行集〉》，《李廣田文學評論選》第269頁，雲南人民出版社，1983年。

〔註48〕朱自清：《詩與感覺》，《新詩雜話》。

發現了關乎生命意義的哲學宏旨。他把生命寓爲一塊被人「也不愛也不憎」地「向塵世一投」的「小石頭」，這裡不僅蘊含著詩人自身對生命本原和生命意義的深沉追問，同時，他還給讀者留下了大片空白，令人聯想到「小石頭」在這無意的一投後落入塵世的一生。所以，這首詩的哲學意味是宏大深遠的，詩人不僅關注著個人的生命意義和過程，同時也對全人類的「大生死」作出了叩問。在這個叩問裏，深蘊著「智慧之美」。

日常生活和細微瑣事不僅是卞之琳詩意與智慧的源泉，同時，也是他用來表現詩意與智慧的載體。可以說，卞之琳的成功在很大程度上也依賴於他的這種以日常小事表現哲思的方法。正因這種方法，他的詩歌雖富含哲思和深意，卻仍能讓人感到親切可感，而不會因其思辨性而拒讀者於千里之外。

早在寫《斷章》的前一年（1934年），卞之琳寫過一首題爲《對照》的小詩，直接傳達了他對「相對」觀念的思考：

> 設想自己是一個哲學家，
> 見道旁爛蘋果得了安慰——
> 地球爛了才寄生人類，
> 學遠塔，你獨立山頭對晚霞。
> 今天卻嘗了新熟的葡萄，
> 酸吧？甜吧？讓自己問自己，
> 新秋味加三年的一點記憶，
> 懶躺在泉水裏你睡了一覺。

這首詩起於「葡萄蘋果死于果子而活於酒」的相對思想〔註49〕，是一首成熟的、富於「智慧之美」的好詩。但是，它遠沒有一年後的《斷章》那樣著名和雋永，究其原因，就是因爲後者選取了人們更爲常見的日常生中的景象和畫面，所以其詩意自然顯得更爲具體。這種具體的意象與深沉的智慧結合在一起，達到了一種完美的效果，它使得卞詩既深刻又親切，既不平淡又不晦澀，這種張力恰是卞詩的最主要的魅力和特性所在。因爲這一點，廢名盛讚卞之琳的詩歌是「最美麗最新鮮而且最具體的詩，除了卞之琳任何人不能寫。」他說：

> 我喜歡具體的思想，不喜歡「神秘」，神秘而要是寫實，正如做夢一樣，我們做夢都是寫實，你不會做我的夢，我不會做你的夢。凡不是寫實的思想我都不喜歡了。只要你是寫實，無論怎樣神秘，我都

〔註49〕卞之琳：《成長》。

懂得。惟其寫實，乃有神秘。否則是糊塗了，是空虛了。〔註50〕
廢名所說的這種「具體」和「寫實」，正是卞詩成功的秘訣，有了它們，深沉
的智慧則變得親切，日常的感受也變得雋永。

卞之琳就是這樣一個不懈地思考著平凡人生的詩人。早期的他還祇是「較多
表現當時社會現實的皮毛，較多寄情於同歸沒落的社會下層平凡人、小人物。」
〔註51〕繼續著「五四」知識份子關注平民百姓和社會底層的傳統，但是很快，他
就超越了小人物、小事件本身，轉入智慧的思辨，上陞到了哲學的高度。這種對
凡人小事的超越並不意味著對凡人小事的背離，相反，這些細微瑣事成爲了傳達
詩人哲思的最恰當的「客觀對應物」。它們使詩人抽象的哲思變得具體起來。

「客觀對應物」的理論也來自艾略特，卞之琳刻意對之加以實踐是他詩
學思想發展的必然。唐祈曾說：「艾略特、奧登的詩歌觀點和技巧，如『客觀
聯繫物』、『戲劇性處境』以及非個人化、典型化、小說化、甚至戲擬等等，
都潛移默化在卞之琳詩中，浸潤在他那支『化歐』的彩筆下。」〔註52〕袁可
嘉也認爲：「這種憑藉客觀事物來表達主觀情景的戲劇手法，當然中外詩人早
就用過，在新詩裏戲劇獨白也可能就由徐、聞開端，經過卞之琳的豐富發展，
確實到達了更加多樣化的地步。這是他吸收了法國象徵派詩藝、融合了我國
古典詩詞的『意境』說，借鑒了艾略特的『客觀聯繫物』的理論和實踐，對
新詩做出的重要貢獻，一份新詩藝術有待發掘的寶貴財富。」〔註53〕

這種具體的、在凡人瑣事中溶注哲思的手法一直貫穿在卞之琳一生的創
作當中，即使在其中後期的作品裏也表現的非常明顯。以《慰勞信集》爲例，
卞之琳在「實行空室清野的農民」身上看到了歷史的大的進程：

　　你們會知道又熬過了一天，

　　不覺得歷史又翻過了一葉。

在《一處煤窯的工人》中，他寫道：

　　是一條黑線引了我去的，我想起，

　　繞一繞才到了熱和力的來源——

　　煤窯。平空十八丈下到了黑夜裏，

　　我坐了裝人也裝煤塊的竹籃。

〔註50〕馮文炳：《〈十年詩草〉》，《談新詩》第 172 頁，人民文學出版社，1984 年。
〔註51〕卞之琳：《〈雕蟲紀歷〉自序》。
〔註52〕唐祈：《卞之琳與現代主義詩歌》，《卞之琳與詩藝術》第 21 頁。
〔註53〕袁可嘉：《略論卞之琳對新詩藝術的貢獻》，《卞之琳與詩藝術》第 10 頁。

> 黑夜如果是母親，這裡是子宮，
> 我也爲早晨來體驗投生的苦痛。
> ⋯⋯
>
> 此刻也許重新卷來了逆流，
> 你們在周旋，以潮浪壓退潮浪；
> 要不然一定在加緊揮動鐵鍬，
> 因爲你們已經摸到了方向。
> 小雛兒從蛋裏啄殼。群星忐忑
> 似向我電告你們忍受的苦厄。

抗戰期間，反映百姓苦難、歌頌工人階級和勞動精神的詩作可謂不計其數。但是，大多數作品現在已被人們淡忘了。那種口號式和概念化的空洞作品，注定缺乏長久的藝術生命力。但是，卞之琳中後期的一些作品卻在同時代的同類詩作中脫穎而出，雖然它們不能與詩人早期的「新智慧詩」的成就相比，但它們仍未被歷史遺忘。我想，其中最重要的原因還是在於其作品中的「智慧之美」。他在小人物的身上看到了歷史的宏闊步伐，在普通的勞動中發現了光明與生命的誕生。這種深刻的哲理性與思辨性提升了卞詩的藝術高度，人們通過這些作品能夠發現，原來身邊看似簡單、了無詩意的生活是那樣的充滿了思想之靈與智慧之美。

卞之琳的「智慧之美」給中國新詩帶來了一份獨特的美麗，同時，他也爲後繼的詩人提供了一種可供借鑒的範本。在他之後，1940 年代「中國新詩」派更進一步將詩歌拉近了哲學。但是，卞之琳的意義並不僅於承前啓後，他的藝術成就也決不是過渡性質的。在我看來，卞之琳在結合哲學與現實、智慧與情感等方面的分寸把握是無可取代的，他在雋永與親切之間尋得了近乎完美的平衡，這種平衡，甚至是 1940 年代「中國新詩」派詩人也未能企及的。

第二節　夢中道路的迷離——早期何其芳的「神話情結」

1930 年代的何其芳是一位「畫夢」的詩人。他在回顧自己已往的詩歌創作歷程時曾說：「我寫詩的經歷便是一條夢中道路。」〔註54〕而且，他的散文

〔註54〕何其芳：《論夢中道路》，《大公報・文藝》，1936 年 7 月 19 日。

集也取名「畫夢錄」。可以說，「畫夢」的說法極爲形象、準確而凝練地概括
出了早期何其芳詩文創作的精神內蘊、情緒心態和藝術風格。

何其芳的「畫夢」風格主要體現在三個方面。首先是其詩文在題材內容
的選用，以及意境意象的創造上，表現出鮮明的「非現實」特性。第二，在
情緒心態及感覺方式上，體現爲強烈的夢幻冥想色彩。第三，在詩文傳達方
式與藝術效果上，形成了極爲獨特的虛幻「迷離」的風格特徵。這三方面的
特徵，構成了早期何其芳卓然的藝術個性，從而也奠定了其在 1930 年代詩壇
上的獨特而重要的地位。

何其芳的「畫夢」當然也並非都是對自我夢境的描畫。在這條「夢中道
路」上，詩人一路擷取著各式各樣充滿奇麗色彩的夢幻。其中，他對古今中
外的神話童話、民間傳說、志怪故事的內容和典故尤爲偏愛，並在詩文作品
中將之精心化用，使其成爲一系列與現代詩情完美融合的意象群，從中反映
出詩人自身獨特的審美觀念與心態情感。在我看來，這種偏愛與化用，體現
出何其芳一種獨特的「神話情結」。這個情結貫穿於他的早期作品中，並隨其
詩歌藝術追求的轉變而淡化、隱匿或消失；它造就了何其芳的藝術風格，創
造性地豐富了中國新詩意象群落；同時，追蹤這個「情結」，也爲研究者提供
了一條解讀何其芳情感藝術世界的重要路徑。可以說，探究何其芳「神話情
結」的內涵及其藝術效果，就能深入全面地把握早期何其芳的藝術世界，借
用詩人自己的話來說——「我信它是金鑰匙，可以啓開仙話裏的門」。〔註55〕

一

何其芳的「神話情結」，首先體現在他的作品題材的選用方面。他大量擇
用了古今中外的神話傳說、童話故事、民間志怪等情節內容，用以婉曲傳達
他自身的情感心緒。西方童話中，從「小人魚」到「幸福王子」〔註56〕，從
「賣火柴的小女孩」〔註57〕到「一千零一夜」〔註58〕……；中國民間故事中，

〔註55〕何其芳：《金鑰匙》，《華北日報·文藝周刊》第 7 期，1934 年 10 月 15 日。
〔註56〕見《夏夜》：「我第一說的故事是『幸福王子』。那可憐的該被祝福的小燕
子，……」。
〔註57〕見《魔術草》：「有時眞願去當一個賣火柴的孩子，在寒夜裏，在牆外，劃一
小朵金色的火花像打開一扇窗子，也許可以窺見幸福的眩耀吧。」
〔註58〕見《金鑰匙》：「我突然警懼，如懾伏於暴君之威的古代波斯女，戰慄地期待
黎明底來臨，但我無述故事的妙舌以取媚於此黑暗的長夜。」

從「牛郎織女」到「邯鄲一夢」〔註59〕，從「聊齋」故事到「齊諧」志怪……。何其芳對各類神話故事的熟悉程度是驚人的，而他將其運用於詩文作品中的數量之大和頻率之高更是獨一無二。

需要強調的是，這些故事情節並非被詩人信手拈來，它們都巧妙地服務於具體的詩情和詩境，熨貼地成為整個作品中一個和諧的組成部分。雖然這些情節典故在詩文中大多祇是一筆帶過，但其背後蘊蓄的豐富內涵卻往往凸現出巨大的張力，突破了其作為單一意象的意義，而烘染了整個詩境和情緒氛圍，並因此而成為詩文中的「點睛」之筆。

例如在散文《墓》中，雪麟為死去的鈴鈴的靈魂講述著《小女人魚》的故事，「講著那最年青，最美麗的人魚公主怎樣愛上那王子，怎樣忍受著痛苦，變成一個啞女到人世去。」「當他講到王子和別的女子結婚的那夜，她竟如巫婦所預言的變成了浮沫，鈴鈴感動得伏到他懷裏。」這是一場穿越陰陽生死界限的傳奇戀愛，更是兩個超越於肉體之外的靈魂的交流，而「小女人魚」故事則成為這種靈魂交流的最恰切的紐帶。因為「小人魚」的故事本身就是一個超越了人神之界，打破了凡俗禮教的悲劇愛情故事，而女主人公「小人魚」同樣那麼美麗善良，甘於為愛情奉獻生命。因此，在雪麟和鈴鈴的凝練短暫的故事中，詩人極為巧妙地插入了「小人魚」這樣一筆，就如同從一個小孔透出一束奇異的光芒，使得整個故事立即被照亮。此時，兩個不同背景的故事彷彿一下子熔鑄到了一起，兩個故事中的人物，以及詩人自身的情感都緊密地聯繫了起來。

這樣的例子還有很多。在《秋海棠》中，一個「寂寞的思婦憑倚在階前的石闌干畔」，她「偏起頭仰望」，看到的是「冰樣的天空」裏，星星如同「清芬無聲的霰雪一樣飄墮」。她的懷念「如迷途的鳥漂流在這歎息的夜之海裏」，「盤鬱在心頭的酸辛熱熱的上陞，大顆的淚從眼裏滑到美麗的睫毛尖，凝成玲瓏的粒，圓的光亮，如青草上的白露，沒有微風的撼搖就靜靜的，不可重拾的墜下……」。就在這樣的時刻，思婦——或者是詩人自己——歎道：「銀河是斜斜的橫著。天上的愛情也有隔離嗎？黑羽的靈鵲是有福了，年年給相思的牛女架起一度會晤之橋。」詩人一方面以「天上的愛情也有隔離」來映襯人間思婦的痛苦，同時更以牛女一年一度的相晤之福對比出人間無望的相思。當然，以「牛郎織女」來比喻愛情的相思絕非何其芳的創造，但是，把

〔註59〕見《古城》：「邯鄲逆旅的枕頭上／一個幽暗的短夢／使我嘗盡了一生的哀樂。」

一個故事濃縮爲一個看似簡單的意象置於詩文之中，讓其整個故事情節隱藏在意象背後釋放出一種強烈而複雜的情緒，這種獨特的意象使用與感情傳達方式堪稱何其芳的一大貢獻。

顯然，神話故事情節在何其芳的詩文中是被用作一種意象的，而且是一種內涵特別豐富深廣的意象。這些意象不是孤立的、靜態的和平面的，也不僅僅是用以傳達某一種簡單的情緒，它們因其背後所隱藏的故事——甚至一種文化背景——而大大拓展了內涵，因此，作爲詩歌意象，它們是立體的、動態的、具有豐富情節性的，因而也就無疑地具有了更大的表現力、暗示性和情感張力。

從這個角度看，何其芳的意象營造方式在更深層的意義上接近了艾略特、瓦雷里等現代主義詩人的追求。正如艾略特提出的，要「用藝術形式表現情感的唯一方法是尋找一個『客觀對應物』；換句話說，是用一系列實物、場景，一連串事件來表現某種特定的情感；要做到最終形式必然是感覺經驗的外部事實一旦出現，便能喚起那種情感。……藝術上的『不可避免性』在於外界事物和情感之間的完全對應。」〔註60〕顯然，何其芳的神話意象系列最符合艾略特的「客觀對應物」的要求，因爲神話故事本身已被賦予了「某種特定的情感」，並且由於人們對這類故事的熟知程度，也必然造成「感覺經驗的外部事實一旦出現，便能喚起那種情感」的效果，是神話故事本身所特有的文化內蘊規定和保證了這種「對應」的聯繫。另一方面，即如梁宗岱特別強調的，瓦雷里「心眼內沒有無聲無色的思想，正如達文希底心眼內沒有無肉體的靈魂一樣。」〔註61〕艾略特也認爲，詩人要像感知玫瑰花的香味一樣感知思想，也就是說，思想與形象，思想與其「客觀對應物」應該完美地結合在一起。而這個所謂的「客觀對應物」，絕不應該僅僅侷限於一個靜態的物象，它應該更複雜、更豐富。因此，在這個意義上說，何其芳的神話意象系列的創造，雖然並不一定是在有意識地實踐艾略特的「客觀對應物」的詩學理論，但至少他已經在實踐意義上進行了相同的摸索和嘗試，並將之與中國新詩的現實與傳統文化的內蘊相結合，以其獨特的個性豐富了現代主義詩學藝術理論。

〔註60〕 T.S.艾略特：《哈姆雷特》，《艾略特詩學論文集》第 13 頁，國際文化出版公司，1989 年。

〔註61〕 梁宗岱：《保羅梵樂希先生》，《詩與眞‧詩與眞二集》第 17 頁，外國文學出版社，1984 年。

二

談何其芳早期的詩歌創作，不能不談他的成名作和代表作《預言》。況且在我看來，《預言》的確奠定了何其芳早期詩風的獨特基調與個性風格，並且是第一次也是最充分鮮明地體現了他的「神話情結」。甚至可以說，《預言》一詩彷彿真的如同一種「預言」，預示了何其芳在整個 30 年代的詩歌藝術發展道路。

《預言》講述了一個「謫仙」的故事，有研究者認為故事的原型來自瓦雷里的《年輕的命運女神》〔註 62〕，但我認為，這更是一個詩人自己幻想出來的故事。事實上，詩人在 5 年以後寫作的散文《遲暮的花》中明確談到了自己編構這個故事的經過：

> ……我給自己編成了一個故事。我想像在一個沒有人迹的荒山深林中有一所茅舍，住著一位因為干犯神的法律而被貶謫的仙女，當她離開天國時預言之神向她說，若干年後一位年輕的神要從她茅舍前的小徑上走過；假若她能用蠱惑的歌聲留下了他，她就可以得救。若干年過去了。一個黃昏，她憑倚在窗前，第一次聽見了使她顫悸的腳步聲，使她激動地發出了歌唱。但那驕傲的腳步聲踟躕了一會兒便向前響去，消失在黑暗裏了。
>
> ——這就是你給自己說的預言嗎？為什麼那年輕的神不被留下呢？
>
> ——假若被留下他便要失去他永久的青春。正如那束連翹花，插在我的瓶裏便成為最易凋謝的花了，幾天後便飄落在地上像一些金色的足印。
>
> ——現在你還相信永久的青春嗎？
>
> ——現在我知道失去了青春的人們會更溫柔？
>
> ——因為青春時候人們是誇張的？
>
> ——誇張而且殘忍的。
>
> ——但並不是應該責備的。
>
> ——是的，我們並不責備青春……

這個故事部分來源於古希臘神話中「癡戀著納耳斯梭的美麗的山林女神因為

〔註62〕藍棣之：《何其芳全集·序二——略論何其芳的文學與理論遺產》，《何其芳全集》，河北人民出版社，2000 年。

得不到愛的報答而憔悴，而變成了一個聲響」的故事，但詩人在其中傾注了深刻的情感和個性化的想像，以及他自身關於愛情、人生等命題的哲學冥想。何其芳不僅給出了故事背景和內涵，並以自設問答的形式解讀了主題和情緒，就是在為讀者指引一座通向他心靈深處情感與思緒的橋梁。

在話劇《夏夜》中，這座橋梁再度出現——何其芳通過劇中男女主人公齊辛生與狄玨如之間的對話，給出了更加清晰而深刻的詮釋：

> 狄：……這就是你那時的夢吧？
>
> 齊：那也是一個黃昏，我在夏夜的樹林裏散步，偶然想寫那樣一首詩。那時我才十九歲。十九歲，真是一個可笑的年齡。
>
> 狄：為什麼要讓那「年青的神」無語走過。不被歌聲留下呢？
>
> 齊：我是想使他成一個「年青的神」。
>
> 狄：「年青的神」不失悔嗎？
>
> 齊：失悔是美麗的，更溫柔的，比較被留下。
>
> 狄：假若被留下呢？
>
> 齊：被留下就會感到被留下的悲哀。
>
> 狄：你曾裝扮過一個「年青的神」嗎？
>
> 齊：裝扮過。但完全失敗。

詩人給出的闡釋是多層次的。

從最淺顯的層次看，這是一個關於愛情的體悟。就像詩人在《夢後》一詩中也曾寫到的：「生怯的手／放一束黃花在我的案上。／那是最易凋謝的花了。／金色的足印散在地上，／生怯的愛情來訪／又去了。」這是一種基於現實層面的理解，或許詩人真的遭遇過這樣一段短暫而生怯的愛情，就像一束最易凋謝的黃花，美麗但是轉瞬即逝，空留一抹「金色的足印」。無論詩人自己在這個愛情故事中扮演的是那個「年輕的神」，還是那個用歌聲呼喚愛情的仙女，他都經歷了「失敗」，然後懷著一種溫柔美麗的憂傷，他寫下了這樣一個故事，用以詩性地感悟他 19 歲的生命與情感。

但是，這首詩要表達的顯然不僅僅是對愛情的留戀，更深一層來說，詩人是在通過這一與愛情失之交臂、得而復失的故事，傳達一種對於流逝的青春與時間的惆悵與思考。在這個意義上，「年輕的神」更是一種象徵，他象徵著必將到來又定會離去的青春。終於，青春的足音走近又消失，時間的腳步「竟不為我的顫抖暫停」，而生命也必然「如預言中所說的無語而來」又「無

語而去」，只給他人留下一點點「空寥的回聲」。

再進一步說，我認為何其芳意圖傳達的還有著更為深刻、更具哲學意味的主題。那就是對於人生的「得與失」、「取與捨」、「蠱惑與抗拒」之間的抉擇。在「留下的悲哀」與「失悔的美麗」之間，何其芳經歷著並傳達出他的困惑、思考與痛苦的心情。最終，他通過齊辛生之口道出了一個結局——「我還是漸漸地愛上你了，我漸漸地需要你底愛了，所以我明晚要走了。」這句話，是《夏夜》的主題，同樣也是詩人要通過《預言》的故事帶給人們的啓迪。應該說，從《預言》開始，直到《遲暮的花》、《夢後》和《夏夜》，何其芳始終在以不同的形式講述著同一個故事，進行著同一種哲學思索。他通過對這個故事的不斷闡釋和不斷充實，深化和發展了自己的思考。詩人最終告訴自己：「讓你『生命底賄賂』從你身邊過去，你『生命底生命』接著就會來的。」〔註63〕其實，這是一個相當深刻的哲學命題，他揭示的是生命運動的本質：生命的意義——「生命底生命」——本身就在於始終向前的過程當中，而就在這個一直向前不作停留的過程中，人不得不面對選擇，不得不學會放棄，學會抗拒……。

年輕的何其芳偏愛《預言》是有理由的，因為他偏愛自己對時間與生命作出的思考。而更值得注意的是，這種抽象的哲思被表現為一個幻美的神話故事的外在形式。這個故事的構思，顯然絕非詩人一時的靈感突發或信手拈來，它是詩人精心編織用以曲折表現和承載他的獨特情思的，而這也正是造成其獨特詩風的重要原因之一。何其芳在北大讀的是哲學專業，雖然他說自己「原來有的那一點點對於思想史的興趣，在學哲學的過程中幾乎全部消失了」〔註64〕，但他對於人生終極問題思考的興趣卻沒有消失，而是通過文學形象和詩歌語言的形式作出了獨特的、更為詩性與感性的傳達，這本身就是他在藝術上的鮮明特徵和獨特貢獻。

三

1933 年，21 歲的何其芳在《柏林》一詩中寫下了兩行著名的詩句：

從此始感到成人的寂寞，

〔註63〕何其芳：《夏夜》，《刻意集》，文化生活出版社，1938 年。
〔註64〕何其芳：《寫詩的經過》，《何其芳全集》第 4 卷第 321 頁，河北人民出版社，2000 年。

更喜歡夢中道路的迷離。

對於這兩句詩，詩人自己說：「那彷彿是我的情感的界石，從它我帶著零落的盛夏的記憶走入了一個荒涼的季節。……我歎息我喪失了許多可珍貴的東西。」〔註65〕可以說，對於年輕的何其芳而言，迷離的夢幻是他最為「珍貴的東西」，宛如「盛夏的記憶」為他帶來詩意盎然的青春。相比之下，由冷漠複雜的社會現實所帶來的「成人的寂寞」卻只能讓他陷入「荒涼的季節」。也就是說，「夢中道路的迷離」之美是詩人逃避「成人的寂寞」、抒發對社會現實不滿的一條主要途徑。從這種逃離的渴望中，流露出的是何其芳一種特具個性的心態特徵──「童心」。

也許，貪戀童話故事的人都有些童心未泯，而沉迷於幻想的人，則都多少對現實抱有距離感或排斥感。從藝術與人類心理的關係角度而言則是：「真正的藝術家都是保有赤子之心的人，童心的保存與充分社會化的實現是一對矛盾。……藝術家以童心去體驗人生，才能創造出飽含童真的的詩意世界。」〔註66〕因此，在藝術作品中歸依童年，是「現代人向人類童年的回歸衝動」的一種體現，它表現了藝術家對當下和此在的不滿情緒與超越的願望，因而在他們的創作中，童年記憶往往帶有理想化的色彩。就像普魯斯特說過的那樣：「真正的天堂，正是人們已失去的天堂。」

在何其芳的文學創作中，就體現著這樣一種潛在的心態。可以說，他是中國現代最富於童心的詩人之一。在他的作品中大量體現著兒童般清澈澄明的視野，例如「我的懷念正飛著，／一雙紅色的小翅又輕又薄，／但不被網於花香。」〔註67〕「蘆蓬上滿載著白霜，／輕輕搖著歸泊的小槳。／秋天遊戲在漁船上。」〔註68〕等等。即便他的作品很少呈現兒童的歡快無憂，卻也猶如「一灣小溪流著透明的憂愁」〔註69〕，仍充滿孩童的天真，絕無虛偽凡俗之氣。

再進一步說，這種「童心」的背後還隱藏著一種獨特的審美意識，即對人類「自然」美與「原始」美的讚美和歸依。這種意識，在30年代北平現代派詩人群體中是具有一定共性的。比如何其芳的好友，同為「漢園詩人」的

〔註65〕何其芳：《論夢中道路》。
〔註66〕童慶炳主編：《藝術與人類心理》第95頁，北京十月文藝出版社1990年。
〔註67〕何其芳：《祝福》，《刻意集》，文化生活出版社，1938年。
〔註68〕何其芳：《秋天》，《漢園集》，商務印書館，1936年。
〔註69〕何其芳：《季候病》，《現代》第1卷第6期，1932年10月1日。

李廣田就自稱「地之子」，而沈從文也一再強調自己的「鄉下人」身份和心態。林庚更直接地指出，「未完全失去了童心」就說明了一個人「尚保持著他生命上的健康」〔註 70〕。可見，在他們眼中，相對於城市中某些人工的、虛飾的美而言，那種兒童的出於自然人性的天眞原始之美才眞正値得稱頌。

　　但是，即便同樣地歸依童年，由於詩人各自氣質、性格的差別，反映出來的情緒也很不一樣。與林庚的天眞無憂相比，何其芳的「童心」突出了一種寂寞的感覺。他說：

> 我是一個太不頑皮的孩子，
> 不解以青梅竹馬作嬉戲的同伴。
> 在那古老的落寞的屋子裏，
> 我亦其一草一木，靜靜地長，
> 靜靜地青，也許在寂寥裏，
> 也曾開過兩三朵白色的花，
> 但沒有飛鳥的歡快的翅膀。〔註 71〕

的確，何其芳之所以偏愛童話故事與神話傳說，與其性格、經歷和生活環境相關。他「從小就愛幻想，幻想些溫柔的可愛的東西」，「以後能夠記憶的童年都在亂離中，那小小的寂寞的靈魂是缺少關注，缺少愛撫的。」〔註 72〕因此，「在亂離中，大人們日夜愁著如何避禍」，而年幼的何其芳「遂自由的迷入了許多神異的小說裏去，找到了幻想的天地。」〔註 73〕

　　寂寞的心靈最嗜幻想。在幻想中，現實中不曾出現或無法實現的願望都能得到滿足。因此，何其芳以幻想的方式在他極具個性化的藝術世界中完成了這種心理上的補償和滿足。在幻想中，他經歷了比同齡人更加豐富的人生，甚至常常感到「我就是那故事裏的老人」。在心理上，他因爲這種「移情」的方式完成了更豐富的人生體驗。這種精神的超越和審美的體驗安慰了何其芳寂寞的心境。因此他說：「讀著那些詩行我感到一種寂寞的快樂」。「我乃尋找著我失掉了的金鑰匙，可以開啓夢幻的門，讓我帶著歲月、煩憂和塵土回到那充滿了綠陰的園子裏去。」〔註 74〕

〔註 70〕林庚：《熊》，《世界日報・明珠》第 87 期，1936 年 12 月 26 日。

〔註 71〕何其芳：《昔年》，《社會日報・星期論壇》1933 年 4 月 9 日。

〔註 72〕何其芳：《夏夜》。

〔註 73〕何其芳：《魔術草》，《水星》第 2 卷第 1 期，1935 年 4 月 10 日。

〔註 74〕何其芳：《〈燕泥集〉後話》，《新詩》第 1 期，1936 年 10 月 10 日。

何其芳的寂寞不僅與他童年的心態、經歷相關，而且與他後來身處的社會環境也大有關聯。1930 年，他來到北平，在這座著名的「文化古城」和「政治邊城」中，他感受到更深刻更強烈的寂寞和孤獨：

> 那時我在一個北方大城中。我居住的地方是破舊的會館，冷僻的古廟，和小公寓，然而我成天夢著一些美麗的溫柔的東西。每一個夜晚我寂寞得與死接近，每一個早晨卻又依然感到露珠一樣的新鮮和生的歡欣。假若有人按照那時的我分類，一定要把我歸入那些自以為是精神的貴族的人們當中。〔註75〕

在這樣的孤獨與不滿中，何其芳不僅發出過「絕望的姿勢，絕望的叫喊」〔註76〕，同時也選擇了通過幻想來超越現實。因此，在他對神話的特殊偏愛中，又更加耽愛著那些超越時空的內容。可以說，那些具有超現實的神秘感的故事情節最能吸引和啓發何其芳的童心與想像。最突出的例子莫過於散文《畫夢錄》。在這篇散文中，詩人專門依託神話志怪故事描寫的「丁令威」、「淳于棼」和「白蓮教某」三個奇異的故事。這三個看上去並無關聯的故事，其實都體現了同樣一個主題，即對時間與空間的超越：「丁令威」學仙得道回到闊別千年的故土，卻發現「城郭如故人民非」，不禁產生「我為什麼要回來呢？」的自問；「淳于棼」回顧自己的「邯鄲一夢」，一時間「忘了大小之辨，忘了時間的久暫之辨」；而「白蓮教某」更是超越時空，達到了「半盆清水就是他的海」的奇異境界。這三個故事被何其芳當作寄託其思想與情感的載體，在不動聲色的講述中，他詩性地表達了對於「大小之辨」，「時間的久暫之辨」，以及空間的、人與物的相對與絕對之辨等哲學命題的思考。

四

在 30 年代的詩壇上，何其芳是相當獨特的。雖然因為 1936 年出版的詩合集《漢園集》的緣故，他與卞之琳、李廣田三人被合稱為「漢園三詩人」，但這並不掩沒他們各自突出的藝術個性與風格。卞之琳在多年後曾說：「我和同學李廣田、何其芳交往日密，寫詩也可能互有契合，我也開始較多寫起了自由體，祇是我寫的不如他們早期詩作的厚實或濃鬱，在自己顯或不顯的憂

〔註75〕何其芳：《〈刻意集〉序》，《文叢》第 1 卷第 4 期，1937 年 6 月 15 日。
〔註76〕何其芳：《論夢中道路》。

鬱裏一點輕飄飄而已。」〔註77〕透過其中謙虛客套的成分，我們仍可看出他們對於彼此間不同詩風的深刻認識。可以說，李廣田的「厚實」、何其芳的「濃鬱」，以及卞之琳的「憂鬱」恰是他們三人詩歌藝術風格的重要特徵。這些特徵不僅在《漢園集》中已得到突出體現，而且更貫穿了他們各自的早期詩歌創作歷程。

何其芳詩風之「濃鬱」，同時體現在他的情感內涵與傳達方式當中，具體地說，其實就是感情之「濃烈」加上意象之「馥鬱」。一方面，他多情善感、溫柔細膩，喜歡描寫或幻想那些旖旎的故事，善於把握纖細的情感。而另一方面，他作品中的意象瑰麗豐富、姿態萬千，由於他「喜歡那種錘煉，那種色彩的配合，那種鏡花水月」〔註78〕，對於人生「動心的不過是它的表現」〔註79〕，所以他的作品裏處處透露出神秘迷離之美。可以說，他的作品的確淋漓盡致地傳達出了一種「夢中道路的迷離」的藝術效果。

其實，何其芳的「濃鬱」詩風仍與他的「神話情結」密切相關。

首先，由於題材的「非現實」性和情感方式的幻想色彩，他的作品必然呈現出夢境般的迷離。他承認自己「相信著一些神秘的東西」。他說：

> 我倒是喜歡想像著一些遼遠的東西，一些不存在的人物、和許多在人類的地圖上找不出名字的國土。我說不清有多少日夜，像故事裏所說的一樣，對著壁上的畫出神遂走入畫裏去了。但我的牆壁是白色的。不過那金色的門，那不知是樂園還是地獄的門，確曾為我開啓過而已。〔註80〕

這段話最深入地解讀了何其芳的另一佳作《扇》：

> 設若少女妝臺間沒有鏡子，
> 成天迷望著懸在壁上的宮扇，
> 扇上的樓閣如水中倒影，
> 染著剩粉殘淚如煙雲，

〔註77〕卞之琳：《〈雕蟲紀歷〉自序》，《雕蟲紀歷》第15～16頁，人民文學出版社，1979年。

〔註78〕何其芳：《論夢中道路》。

〔註79〕何其芳：《扇上的煙雲（〈畫夢錄〉代序）》，《大公報·文藝》，1936年4月24日。

〔註80〕何其芳：《扇上的煙雲（〈畫夢錄〉代序）》，《大公報·文藝》，1936年4月24日。

　　歎華年流過絹面，

　　迷途的仙源不可往尋，

　　如寒冷的月裏有了生物，

　　每夜凝望這蘋果形的地球，

　　猜在它的山谷的濃淡陰影下，

　　居住著的是多麼幸福……

或許，何其芳的很多作品都是得自於這樣「對著壁上的畫出神遂走入畫裏去了」的。詩人所說的「沒有鏡子」，不過是說明他並不喜歡反映現實的景象而已。在他的眼裏，「扇上的樓閣」、「水中倒影」，以及「煙雲」般的「仙源」才更是他酷愛描畫的景致。因此他說：「我很珍惜著我的夢。並且想把它們細細的描畫出來。」

　　何其芳正是這樣「走入畫裏去」，以角色轉換的方式自由地出入於自己的幻想，出入於各種幻美的神話傳說故事。在這一入一出之中，他得以在別人的故事裏寄託自己的思想、抒發自己的情感，同時也以自己的心靈去設想和體悟別樣的人生。

　　憑藉這種方法，何其芳的作品流露出來的既是詩人個性化的思考和情感，同時又具有相當的「非個人化」的效果，而藝術的新奇感就由此產生。這讓人不由得聯想到艾略特的一句論斷：「優秀詩歌的特性，即使熟悉的事物變為新奇，並使新奇事物成為熟悉的能力。」〔註 81〕何其芳的詩歌正具有這樣的特性，他為人們熟知的神話傳說注入現代的和個性化的情感與哲思，同時也給深刻的思想與細膩的情感穿上了神話傳說的美麗衣裳。

　　由於大量運用典故和意象，何其芳的詩歌在傳達方面也必然會表現出一定程度的隱晦。如果不走入他的藝術想像，不理解他所化用的神話典故，或許就不能完全理解他的情感和思想。對於「畫夢」所造成的「夢中道路的迷離」，詩人有自己的解釋：

　　現在有些人非難著新詩的晦澀，不知道這種非難有沒有我的份兒。除了由於一種根本的混亂和不能駕馭文字的倉皇，我們難於索解的原因不在作品而在我們自己不能追蹤作者的想像。有些作者常省略去那些從意象到意象之間的鏈鎖，有如他越過了河流並不指點我們

〔註81〕T.S.艾略特：《安德魯‧馬韋爾》，《艾略特文學論文集》第 41 頁，百花洲文藝出版社，1994 年。

一座橋，假若我們沒有心靈的翅膀，便無從追蹤。〔註82〕
的確，「作者的想像」實在是太靈動了，他之所以要求讀者具備「心靈的翅膀」，是因為他自己正在乘著想像飛翔。因此，非難他的「迷離」不如追蹤他的想像，而「神話情結」就應是他指點給我們的橋梁之一。

「神話情結」貫穿在何其芳的早期創作中，深刻地影響了他的意象創造、情感方式和傳達方式。但是，隨著歷史環境的變化，詩人的心態和藝術選擇都漸漸發生了轉變，他開始「厭棄自己的精緻」，並自稱「不復是一個望著天上的星星做夢的人」〔註83〕。由此，他的「神話情結」也隨之淡化、隱匿起來，在後來的作品中幾乎不再有所體現。可以說，「神話情結」已成為把握何其芳早期創作的重要脈絡之一，因而，我們今天對它的分析和探究也就顯得更有必要、有意義。

第三節　「傳統」與「現代」——論廢名的詩歌觀念

在中國新詩的歷史上，廢名不能算是一位影響很大的詩人。他的詩歌作品數量不多，且因充滿禪趣尤顯深奧晦澀，因此，僅就其聲望與影響力而言，廢名的詩似乎不及他的小說、散文和詩論在現代文學史上所占的地位那樣重要。但值得注意的是，廢名的詩歌——與其小說、散文一道——體現了一種獨到的文學觀念，這個觀念本身，在新文學發展的歷史中，是具有較大探索意義的。甚至可以說，廢名的詩歌觀念代表了 20 世紀 30 年代中國新詩的一種重要的、有代表性的藝術嘗試：這是一種以「現代」精神借鑒和重釋古詩「傳統」的嘗試，或者說，這是一種是返身「傳統」並從中找尋「現代」出路的嘗試。

以「傳統」或「現代」為切入點來談論中國新詩，似乎已成老生常談。但如果我們能夠拋棄以往那種將「傳統」與「現代」簡單對立，或是將其等同於「東」「西」之辨、「新」「舊」之分的僵硬框架，就仍可從中發現不少有價值的現象和問題。

新詩史上的廢名就是這樣一個有趣且有價值的現象：廢名、林庚、朱英誕，包括卞之琳和早期何其芳，他們的詩歌創作從感覺方式、傳達方式、意

〔註82〕何其芳：《論夢中道路》。
〔註83〕何其芳：《論夢中道路》。

象意境的營造等方面而言，都顯得相當「傳統」。同時，在詩歌理論和詩歌史觀的闡述方面，他們更是無所顧忌地表明瞭自己趨向「傳統」的立場。但恰恰是這一批人，都被毫無爭議地納入了「現代派」的範圍（即便除去《現代》雜誌在命名上的影響，他們藝術風格與藝術觀念中的現代色彩和創造力，也使他們堪當這個「現代派」的稱號）。這個看似矛盾的現象引發了一個重要的問題：即他們是如何看待「傳統」與「現代」、如何以溝通的眼光和創造性的嘗試來對待「新詩」的？而作為新詩史研究者的我們又應當如何理解他們、評價他們？

在這個既「現代」又「傳統」——或者是因其「傳統」更凸顯其「現代」？——的詩人群體中，廢名是最有代表性也最有影響力的一員。因為他不僅有詩歌創作，更有大量的詩評、詩論，以及詩歌史探討。他的《談新詩》，不僅直接影響了三、四十年代眾多的聽講學生，同時更成為新詩史上一部新鮮獨到的評論著作。因此，本文就是在這個意義上討論廢名詩歌觀念的「傳統」和「現代」的，希望通過解剖一個人的詩歌觀念，來考察和總結一個流派的詩學追求和藝術得失。

一

中國新詩是以一種「革命」的姿態產生的。為了擺脫舊詩的強大影響，初期白話詩求「新」的姿態徹底得近乎矯枉過正。很多人把探索的目光投向了西方詩歌，進行了大量的模仿和借鑒。對於那些較為盲目的模仿，廢名曾挖苦說：「新詩作家乃各奔前程，各人在家裏閉門造車。實在大家都是摸索，都在那裡納悶。與西洋文學稍為接近一點的人又摸索西洋詩裏頭去了，結果在中國新詩壇上又有了一種『高跟鞋』。」〔註 84〕很顯然，這個「高跟鞋」的比喻是對應胡適的「放腳鞋樣」的自嘲而言的，胡適的「嘗試」苦於無法真正擺脫舊詩傳統，「很像一個纏過腳後來放大的婦人回頭看他一年一年的放腳鞋樣，雖然一年放大一年，年年的鞋樣上總還帶著纏腳時代的血腥氣。」〔註85〕胡適的本意在於檢討自己脫離舊詩藩籬的不徹底，可見當時詩壇的主

〔註84〕馮文炳：《新詩應該是自由詩》，《談新詩》，人民文學出版社，1984 年，第 24 頁。

〔註85〕胡適：《嘗試集‧四版自序》，《胡適文集》第 3 卷，人民文學出版社，1998 年，第 172 頁。

流思潮即在於要求徹底擺脫舊詩束縛，寫全新的詩，而這個對「新」的評判尺度則直接來自西方。

有趣的是，英文系出身的廢名不僅沒有加入模倣西詩的隊伍，反而以「高跟鞋」為喻，暗示這種模倣的方法不僅仍做不成一雙讓中國新詩感到「合腳」的舒適鞋子，而且弄不好還會成為新詩擺脫舊詩後的新的裏腳布。他提醒說：「當初大家做新詩，原是要打倒舊詩的束縛，而現在卻投到西洋的束縛裏去，美其名曰新詩的規律」，這是另一種值得特別警惕的新「八股」〔註86〕。

與西化的潮流不同，廢名將探索的目光投向了中國古典詩歌傳統。他的理想是要做出一雙既與傳統相搭配，同時又符合現代人身份氣質和穿著習慣的鞋子。這雙鞋的設計，必須而且只能為中國詩歌所獨有，因此，它也只能在重新考察傳統詩歌的基礎上得來。對此，廢名說：

> 我那時對於新詩很有興趣，我總朦朧的感覺著新詩前面的光明，然而朝著詩壇一望，左顧不是，右顧也不是。這個時候，我大約對於新詩以前的中國詩文學很有所懂得了，……我發見了一個界線，如果要做新詩，一定要這個詩是詩的內容，而寫這個詩的文字要用散文的文字。……中國的新詩，即是說用散文的文字寫詩，乃是從中國已往的詩文學觀察出來的。〔註87〕

> 我以為重新考察中國已往的詩文學，是我們今日談白話新詩最要緊的步驟，我們因此可以有根據，因此我們也無須張皇，在新詩的途徑上只管抓著韻律的問題不放手，我以為正是張皇心理的表現。我們祇是一句話，白話新詩是用散文的文字自由寫詩。〔註88〕

在我看來，這是廢名詩論中最重要的兩段闡述，因為他在這裡不僅明確地給出了一個新詩的定義，即新詩應該是用「散文的文字」寫「詩的內容」這樣一個核心觀念，同時他更強調了這個觀念的來源，說明了這個觀念產生於對已往詩文學的「觀察」和「重新考察」。

這個來源非常重要，因為對傳統的重新考察為廢名的新詩定義和詩歌觀念構建了一個堅實強大的基礎。正因為他不是人云亦云，不是一時興起，而

〔註86〕廢名：《〈周作人散文鈔〉序》，《廢名文集》，東方出版社，2000 年，第 117 頁。

〔註87〕馮文炳：《新詩應該是自由詩》，《談新詩》，第 24 頁。

〔註88〕馮文炳：《已往的詩文學與新詩》，《談新詩》，第 39 頁。

是將文學創作的探索與文學史研究結合在了一起，所以他才能這樣自信地認定這是新詩發展的正途，並將這一觀念反覆強調，堅持多年。

之所以說廢名的思路既很「傳統」又很「現代」，是因爲一方面他從出發點上就表現出朝向傳統而不是朝向西方，這個方向和源頭非常「傳統」。廢名對此很明確也很自信，他說：「真正的中國新文學，並不一定要受西洋文學的影響的」。他將林庚和朱英誕的詩看作新詩的範本，不僅稱讚他們的「完全與西洋文學不相干」，而且進一步讚美道，「他們的詩比我們的更新，而且更是中國的了」，因此，他們的「分量或者比任何人要重些。」〔註89〕

但另一方面，廢名返身傳統的姿態又可以說是非常「現代」的。他的「現代」就表現在他一貫強調的「重新考察」。也就是說，他非但不盲從西方詩學的某個流派，同時也並不是盲目地回到傳統。他的考察卻帶著「重新」的眼光，正說明他是以一種前所未有的新的視角來審視傳統。這個視角本身就是「現代」精神。也就是說，廢名的回到傳統不是保守、不是復古，也不是倒退，而是以現代的文學觀念重新審視、闡釋甚至取捨傳統。在對浩瀚的舊文學的整理中，胡適發現了「白話文學」一脈，周作人發現了晚明小品，而廢名則以現代的眼光照亮了以溫庭筠、李商隱爲代表的晚唐詩歌。在我看來，他們這樣主動地重釋和取捨傳統，雖然各自的發現不相同，歸依的源頭也不一樣，但就這個做法本身的性質而言卻是一樣的「現代」。他們都不爲傳統所禁錮，而是以主動的姿態突入傳統，在傳統中發現新文學的新生機。

我說廢名以現代眼光照亮了以溫、李爲代表的晚唐詩歌，是因爲在20世紀30年代北平「現代派」詩人中間，的確曾出現過一股「晚唐詩熱」，而這股思潮的代表人物之一就是廢名。此外，共同探索晚唐詩風並以此影響自己新詩創作的還有林庚、卞之琳、何其芳等人。他們對晚唐詩風綺美幽深的藝術特徵加以肯定，並將之與現代派詩歌藝術存在根據進行契合的理解。可以說，「晚唐詩熱」是一場有意識的理論建設，它體現了詩人們在詩歌美學觀念和對待傳統詩學態度上的雙重轉變，而這種轉變也已構成了對新詩觀念的一次衝擊。

與林庚、何其芳等人在創作中的默默實踐相比，廢名在理論上的舉義更具有明晰廣泛的影響。尤爲突出的是，他曾明確聲稱：「現代派是溫、李一派的發展」，並清楚地勾勒出現代主義詩歌與晚唐詩人在情感上、精神上、趣味

〔註89〕馮文炳：《林庚同朱英誕的新詩》，《談新詩》，第185頁。

上的內在聯繫。他說：「我的意思不是把李商隱的詩同溫庭筠的詞算作新詩的前例，我衹是推想這一派的詩詞存在的根據或者正有我們今日白話新詩發展的根據了。」〔註90〕「這一派的根苗又將在白話新詩裏自由生長，這……也正是『文藝復興』」。〔註91〕

那麼，廢名為什麼找到了晚唐作為詩歌「文藝復興」的源頭？或者說，他究竟在晚唐詩風裏發現了哪些具有現代意義和價值的因素？我認為，他首先找到的是使「詩」之為「詩」的本質特徵。

在胡適等初期白話詩作者看來，新詩之「新」在於「詩體大解放」。他們講求「不拘格律，不拘平仄，不拘長短；有什麼題目，做什麼詩；詩該怎樣做，就怎樣做。」〔註92〕把重點置於詩的語言和形式的層面，卻忽略了詩之為詩的本質特徵。這也就是梁實秋為什麼會提出初期白話詩「注重的是『白話』，不是『詩』」〔註93〕這一批評的原因。而提倡晚唐詩的廢名恰恰對此做出了反撥，他在考察了晚唐詩的基礎上，給新詩下了這樣一個定義：

> 如果要做新詩，一定要這個詩是詩的內容，而寫這個詩的文字要用散文的文字。已往的詩文學，無論舊詩也好，詞也好，乃是散文的內容，而其所用的文字是詩的文字。我們只要有了這個詩的內容，我們就可以大膽的寫我們的新詩，不受一切的束縛，「不拘格律，不拘平仄，不拘長短；有什麼題目，做什麼詩；詩該怎樣做，就怎樣做。」我們寫的是詩，我們用的文字是散文的文字，就是所謂自由詩。〔註94〕

也可以說，廢名是給胡適的觀念設定了一個重要的基礎和前提。他提出，最重要的是「詩」本身。在講詩體解放之前，先得確定「詩」成其為「詩」，然後才能談到「體」的問題，談到「文字」的問題。這就是說，詩「質」與「詩體」並非對立不容，但詩「質」決定「詩體」，「詩體」依賴於詩「質」而存在。而所謂的詩「質」，就是廢名所說的「詩的內容」和「詩的感覺」。

那麼，詩的「內容」和「感覺」指的是什麼呢？廢名無法給出一個明確具體的定義，但他在李商隱和溫庭筠的詩詞中找到了範例。他說：「李商隱的

〔註90〕 馮文炳：《已往的詩文學與新詩》，《談新詩》，第 28 頁。

〔註91〕 馮文炳：《已往的詩文學與新詩》，《談新詩》，第 39 頁。

〔註92〕 胡適：《談新詩》，《胡適文集》第 3 卷，第 138 頁。

〔註93〕 梁實秋：《新詩的格調及其他》，載《詩刊》，第 1 期，1931 年 1 月 20 日。

〔註94〕 馮文炳：《已往的詩文學與新詩》，《談新詩》，第 37 頁。

詩應是『曲子縛不住者』，因為他真有詩的內容。」而溫庭筠的詞「真有詩的感覺」，這種感覺是「立體的感覺」。因此，「溫庭筠的詞簡直走到自由路上去了，在那些詞裏表現的東西，確乎是以前的詩所裝不下的。這些事情仔細研究起來都很有意義」〔註95〕。他解釋說：「溫庭筠的詞不能說是情生文文生情的，他是整個的想像，大凡自由的表現，正是表現著一個完全的東西。好比一座雕刻，在雕刻家沒有下手的時候，這個藝術的生命便已完全了。」〔註96〕

這種「天然的，是偶然的，是整個的不是零星的，不寫而還是詩的」〔註97〕內容，以及這種「整個」的想像、渾然的「感覺」，是廢名詩學觀念中的上乘境界。也許有人會責怪他闡述得並不明朗，但有一點是清楚的，那就是他關注這種非常內在甚至無法言傳的詩「質」，則超越了以外部的語言形式等因素來區別「詩」與「非詩」的做法。也就是說，詩的內容的健全和渾然是決定詩之為詩的關鍵，而外在的形式如何則不會影響到詩「質」的真偽和價值。

同時，在廢名看來，詩的「內容」和「感覺」還會因為時代的不同而發生變化。因此，考察詩的「新」與「舊」，不在於看它是否以白話來寫，而是看它是否根據時代的發展而引起了詩歌本質的變化。廢名認為：

> 詩的內容的變化……是一定的，這正是時代的精神。好比晚唐人的詩，何以能說不及盛唐呢？他們用同樣的方法做詩，文字上並沒有變化，祇是他們的詩的感覺不同，因之他們的詩我們讀著感到不同罷了。……感覺的不同，我只能籠統的說是時代的關係。因為這個不同，在一個時代的大詩人手下就能產生前無所有的佳作。〔註98〕

這就是說，在廢名的詩歌觀念中，詩歌的「新」「舊」之辨，完全取決於其內在的詩「質」，而非形式上的簡單劃分。這個原則是恒定的，「各時代的詩都可作如是觀」，因此，只有創作出合乎現代人現代生活的詩文學，才能堪當「新詩」的名稱。否則即便是白話運用得怎樣純熟，也不算真正意義上的「新」和「現代」。

由此，廢名順理成章地將新詩納入了一個綿延不斷的詩文學的傳統。在這個意義上，新詩既不割斷傳統，又得以表現出新的生機。換句話說，詩人

〔註95〕馮文炳：《新詩應該是自由詩》《談新詩》，第27頁。
〔註96〕馮文炳：《已往的詩文學與新詩》，《談新詩》，第30頁。
〔註97〕馮文炳：《〈妝台〉及其他》，《談新詩》，第217頁。
〔註98〕馮文炳：《新詩問答》，《談新詩》，第227～228頁。

可以既無須打碎已往的詩歌傳統，又可以勇敢地表現自己的時代。有了這種確立詩本質的「內容」和「感覺」，形式才更可以自由和無所顧慮，新詩也才能找到眞正的根本和立足點，而不再張皇地討論語言和形式之類的外部問題。站在今天的角度說，這顯然是新詩歷史上的一個觀念的進步。

更有意味的是，廢名對「詩的內容」和「詩的感覺」的看重，同時也表明了他的詩歌史觀。他和胡適之間的分歧是明顯的，他不僅擺脫了以語言和形式等外在因素劃分梳理詩歌史的角度，同時也超越了簡單的進化論主義的文學史觀。他說：「總而言之，我以爲中國的詩的文學，到宋詞爲止，內容總有變化，其題材也剛剛適應其內容，那一些詩人所做的詩都應該算是『新詩』，而這些新詩我想總稱之曰『舊詩』，因爲他們是運用同一性質的文字。初期提倡白話詩的人，以爲舊詩詞當中有許多用了白話，因而把那詩詞認爲白話詩，我以爲那是不對的，舊詩詞，即我所稱的『舊詩』實在是在一個性質之下運用文字，那裡頭的『白話』是同單音字一樣的功用，這便是我總稱之曰『舊詩』之故。……體裁是可以模倣的，內容卻是沒有什麼新的了。」〔註99〕因此，「現在作新詩的青年人，與初期白話詩作者，有著很不同的態度。……他們現在作新詩，祇是自己有一種詩的感覺，並不是從一個打倒舊詩的觀念出發的，他們與中國舊日的詩詞比較生疏，倒是接近西方文學多一點，等到他們稍稍接觸中國的詩的文學的時候，他們覺得那很好。他們不以爲新詩是舊詩的進步，新詩也祇是一種詩。……我以爲這個態度是正確的，可以說是新詩觀念的一個進步。」〔註100〕

將「溫李」視爲「今日白話新詩發展的根據」，將晚唐詩的「根苗」接種在現代主義的園圃裏，這的確是一件很大膽也「很有意義」的事情。在新詩發展的幾十年間，詩人和詩歌理論探索者們對待傳統詩學的態度也幾經起伏，經歷了揚棄重釋的複雜過程，最終逐漸形成並一步步深化了對傳統的認識。正是在「晚唐詩熱」之後，新詩的理論和實踐才更進一步地擺脫了語言形式的羈絆，更深入地貼近了詩歌的本質。

廢名關注詩歌本質，強調詩的內容和感覺，是有很明顯的現實用意的。因爲在他看來，這種「詩的內容」正是現代詩人可以從傳統中承繼的東西，這種「內容」也正是舊詩傳統中有價值的部分。同時，它也最有力地保證了

〔註99〕馮文炳：《新詩問答》，《談新詩》，第230頁。
〔註100〕馮文炳：《新詩問答》，《談新詩》，第226頁。

新詩的「現代」性質，即對現代生活和現代人內心世界的貼近和呈現。而這，正是新詩全力追求的現代價值之所在。

因此我說，廢名從「傳統」出發，卻抵達了一個非常「現代」的目標。

二

除了對詩歌本質的討論之外，廢名對晚唐詩的考察還包括詩歌的語言方式、感覺方式、意象使用等藝術手法方面的問題。這些問題既涉及晚唐詩風獨特而重要的風格特徵，同時也是現代主義詩歌美學所關注的基本問題。當然，更重要的是，這些問題與廢名自己的詩歌風格密切相關，可以說，廢名在自己為數不多的詩歌創作中對此做出了相關的實踐。

胡適與廢名的詩歌觀念的最大分歧就在於：胡適認為，「明白清楚」是文學的第一「要件」，此外沒有「孤立的『美』」〔註101〕。因此，他肯定「元（稹）白（居易）」，否定「溫（庭筠）李（商隱）」，並稱李商隱的詩為「笨謎」、「鬼話」和「妖孽詩」。而廢名等人提倡晚唐詩，卻恰恰是認同以李商隱為代表的那樣一種深幽含蓄的審美效果。換句話說，詩歌傳達的「顯」與「隱」，正是胡適與廢名在詩歌審美原則上的根本分歧點，同時也是他們兩人在詩歌創作中表現出來的最顯著的不同。

在「現代派」中，若論艱澀難懂，廢名的詩可以說是最有代表性的了。事實上，不僅他的詩如此，就是他的散文和小說，也多少表現出這樣的特徵。正如朱光潛曾說的：「廢名最欽佩李義山，以為他的詩能因文生情。《橋》的文字技巧似得力李義山詩。……《橋》的美妙在此，艱澀也在此。《橋》在小說中似還未生影響，它對於卞之琳一派新詩的影響似很顯著，雖然他們自己也許不承認。」〔註102〕

「美妙」與「艱澀」並存，這的確是廢名詩文的一大特點，也是他對「現代派」新詩產生影響的一個重要方面。同時還應說，這也是晚唐詩與現代主義詩歌的又一共同特徵，而且，是非常重要的一個共同特徵。

晚唐時期，「在詩歌理論上，『氣骨』不再被重視，而發展了另一概念——『興象』，其標誌就是晚唐最重要的詩歌理論著作——《詩品》的出現。詩歌的最高標準不再是感情是否充沛，氣勢是否悠長。所謂『近而不浮，遠而

〔註101〕胡適：《什麼是文學——答錢玄同》，《胡適文集》第 3 卷，第 165～167 頁。
〔註102〕孟實：《〈橋〉》，載《文學雜誌》第 1 卷第 3 期，1937 年 7 月 1 日。

不盡，然後可以言韻外之致耳』」〔註103〕。昔日盛唐詩人那種飽滿的熱情和闊大的胸襟不見了，代之以「素處以默，妙機其微」的沖淡和「不著一字，盡得風流」的含蓄，詩人更看重的是「前人少有的細膩的情感和敏感的心靈。」這當然是情感方式和傳達方式範疇的問題。晚唐詩人看重個人的體驗和細微的情感，並以極端個人化的方式傳達出來，在取消了表層的浪漫色彩的同時，更沉入了對個體心靈的關注。顯然，晚唐詩風所表現出來的這些方面，正符合了現代主義詩歌的審美標準。

廢名偏愛晚唐詩為詩歌意境帶來的「朦朧」美感，同時也並不迴避和否認晚唐詩中有難於理解的地方，但他的觀點是：「這些詩作者似乎並無意要千百年後我輩讀者讀懂，但我們卻彷彿懂得，其情思殊佳，感覺亦美」。〔註104〕在他看來，「懂不懂」與「美不美」完全是兩個不同的問題，前者對後者不應有規定性的束縛力量。美好的「情思」和「感覺」具備了，「彷彿懂得」其實就已足夠。

現代派詩人因此不將「懂」與「不懂」作為衡量詩境高下的標準，他們不像胡適那樣，認為李商隱的「深而不露」本質上是一種「淺薄」〔註105〕。他們認為：「意境難，語言也往往因之而難，李長吉和李義山比元稹、白居易難懂，是同時在意境和語言兩方面見出的。」〔註106〕也就是說，語言的深淺是依詩歌意境的需要而定的，以單一的「易懂」標準要求各種不同的詩境，既不符合審美心理又不符合實際。

其實，至今仍有很多人認為，「晦澀」就是現代主義詩歌的代名詞。事實上，這種看法也並非完全沒有依據。艾略特說：「就我們文明目前的狀況而言，詩人很可能不得不變得艱澀。我們的文明涵容著如此巨大的多樣性和複雜性，而這種多樣性和複雜性，作用於精細的感受力，必然會產生多樣而複雜的結果。詩人必然會變得越來越具涵容性，暗示性和間接性，以便可以強使——如果需要可以打亂——語言以適合自己的意思。」〔註107〕

無論稱其為「晦澀」還是「迷離隱約」，總之這種詩歌傳達效果都是根據

〔註103〕任海天：《晚唐詩風》，黑龍江教育出版社，1998 年，第 22 頁。
〔註104〕馮文炳：《已往的詩文學與新詩》，《談新詩》，第 37 頁。
〔註105〕胡適：《〈蕙的風〉序》，《胡適文集》第 3 卷，第 179 頁。
〔註106〕朱光潛：《談晦澀》，載《新詩》第 2 卷第 2 期，1937 年 5 月 10 日。
〔註107〕艾略特：《玄學派詩人》，《艾略特文學論文集》，百花洲文藝出版社，1994 年，第 24～25 頁。

詩情和詩境的需要而定的。晚唐詩人「旨趣遙深」，創造了詩歌藝術中深幽之美的一脈血統，現代主義詩人又因「文明涵容著如此巨大的多樣性和複雜性」而「不得不變得艱澀」。因此，現代派詩人欣賞晚唐，自覺地與晚唐傳統相接續，這其中存在著很大的必然性。兩種「晦澀」，雖不生成於同樣的詩情和時代環境，但在藝術手法、審美標準等方面，二者的確產生了跨越時空的共鳴。

具體到廢名本人，我以為，他的艱澀和美妙還有與眾不同的一層意義——或者說也是他的詩歌最鮮明的個人特色——就是彌漫於其詩歌世界中的禪意。可以說，以詩參禪、由禪悟詩是廢名詩歌最突出的特色。在我看來，在廢名的世界裏，詩意和禪趣是完全相通的東西。廢名對禪宗的興趣廣泛地反映在他的文學作品和日常生活中，卞之琳、林庚等人都稱廢名為「老衲」、「大菩薩」，他本人也自稱「在家修行」，每天打坐入定。朱光潛曾說：「廢名先生富敏感好苦思，有禪家與道人風味。他的詩有一個深玄的背景，難懂的是這背景。」〔註108〕可見，「禪趣」在廢名的生活、心態和文學中佔有多麼重要的地位。我對佛學禪理毫無研究，這裡只能做些極為粗淺的比較工作。在我看來，廢名心中詩禪同道的最明顯之處，一是對物對理的婉曲含蓄的認知與傳達方式，二是其深奧的玄學意味。

佛家講求「頓悟」、「機鋒」。於拈花微笑中領悟色相中微妙至深的禪境，是禪宗最高境界，而那些說教、灌輸，無疑是不通佛理的蠢行。在日常生活與散文的世界中，廢名承認「我們總是求把自己的意思說出來，即是求『不隔』，平常生活裏的意思卻未必是說得出來的」，因此他不執著於說明剖白，崇尚「不言而中」的「德行」〔註109〕。同樣，在詩歌的世界裏，也存在不同的感覺方式和傳達方式：或隱或顯，或直白呼喊或象徵暗示。廢名當然是認同後者的。因此，在他的詩歌觀念中，如晚唐詩一樣的綺美幽深才是上乘之作。在他看來，詩歌並無需婦孺能懂，只要「彷彿懂得」且又無以名狀，才是最理想的境界。

那麼，怎樣才能達到這樣的藝術境界呢？除了象徵等手法之外，很重要的一點還有意象的直接呈現。即不直接道破物與物、物與理之間的聯繫，而是以象喻理，讓人用心自悟。這當然與禪宗思想中的「靜觀」、「心象」等概念相關，同時也深深地契合了詩歌中的意象方式和象徵手法。

〔註108〕朱光潛：《編輯後記》，載《文學雜誌》第1卷第2期，1937年6月1日。
〔註109〕廢名：《關於派別》，《人間世》第15期，1934年11月5日。

　　廢名曾經將溫庭筠的詩譽爲「視覺的盛宴」。所謂「視覺的盛宴」，說得清晰些，其實就是指意象的豐富性。廢名說：「中國詩裏簡直不用主詞，然而我們讀起來並不礙事，在西洋詩裏便沒有這種情形，西洋詩裏的文字同散文裏的文字是一個文法。」〔註110〕廢名所謂「文法」，其實就是傳達方式的問題。也就是說，是以一種敘述描寫的方式傳達詩人情感，還是以意象的方式呈現詩人的心靈體驗，這才是問題的關鍵。晚唐詩人開闢的，正是這條以意象呈現體驗的道路。因爲這條道路這種方法，晚唐詩歌中才出現了「視覺的盛宴」的藝術效果。

　　在意象呈現和意境營造這個方面，廢名不僅是有理論的提倡和闡釋，同時更以他自己的詩歌創作進行了實踐和實驗。在廢名的詩中，意象的呈現也幾乎如「盛宴」一般豐富。他尤其偏愛「鏡」、「燈」、「花」、「海」、「墳」、「橋」等佛教最常用的象徵性意象，而這些意像在詩歌中又因其與東方文化的深層聯繫而尤顯傳統審美特色。在他的詩中，即便是偶然出現的那些明顯帶有「現代化」氣息的都市意象，如《街頭》中的「汽車」、「郵筒」，也終歸是「大街寂寞、人類寂寞」等傳統情調的反襯，並不眞正體現現代都市的精神內涵。此外，再加上他大量化用的傳統詩文中的典故，如《理髮店》中的「魚相忘於江湖」，《掐花》中的「摘花高處賭身輕」和「桃花源」，以及《寄之琳》中的「無邊落木蕭蕭下」等等，都使其作品從閱讀直觀上就先已貼近了傳統。

　　這些意象當然並不僅僅具有直觀上的傳統色彩，這裡僅以「花」的意象爲例做進一步的分析。「花」是佛家的經典喻象，同時也是廢名詩中一個重要的典型意象。20世紀40年代，廢名在《〈妝臺〉及其他》一文中所選自己的七首代表詩作中，就有三首是以「花」爲中心意象的。

　　在《小園》中有這樣的詩句：「我連我這花的名兒都不可說，——／難道是我的墳麼？」這裡的「花」，表面上是年輕人的一份欲寄又寄不出的愛情與相思，但更深處卻隱藏了一份對生命的態度。廢名自己說，日後讀這首詩「彷彿很有哀情似的」〔註111〕。當「花的名兒就是自己的墳」，這「花」就成爲了每個人最終的歸宿、每個生命最後的結果和形式。在這個意義上，「花」所承載的哲學意味已遠遠超過了愛情與相思的範疇。

　　在《海》中，詩人寫到：

〔註110〕馮文炳：《新詩應該是自由詩》，《談新詩》，第26頁。
〔註111〕馮文炳：《〈妝台〉及其他》，《談新詩》，第219頁。

我立在池岸

望那一朵好花

亭亭玉立

出水妙善，——

我將永不愛海了！

荷花微笑道：

「善男子，

花將長在你的海裏。」

廢名自己很珍愛這首《海》，因爲「喜歡它有擔當的精神」和它的「超脫美麗」。
〔註112〕佛教中象徵「在世不爲世法所汙」的蓮花，在這首詩裏和「海」相對，
喻示精神聖境和凡俗人間的對立，但這兩重境界的對立在「善男子」的「擔
當」精神和取捨的勇氣中化而爲一。眞正得道的人也許能「花」、「海」兼得，
那時「花」也是「海」了，對具有特殊的精神追求的人們而言，這就是在凡
俗人間修得了超凡脫俗的境界。

在《掐花》一詩中，第一行就是：「我學一個摘花高處賭身輕」。廢名自
己說寫這首詩的「動機是我忽然覺得我對於生活太認眞了，爲什麼這樣認眞
呢？大可不必，於是彷彿要做一個餐霞之客，飲露之士，心猿意馬一跑跑到
桃花源去掐一朵花吃了。」〔註113〕這裡的「摘花」寓喻著一個凡俗的人對生
活的豁達，放開那份執著，就可以進入另一個境界，「豈不成了僊人」？雖然
我們可能無法完全領悟廢名詩中這些「花」的意象背後的禪意，但其詩意與
禪趣卻已在這些意象中呈現了出來。

廢名的禪意更是一種「哲學」，一種關注生死問題的大的哲學。廢名自己
曾說：「中國文章裏簡直沒有厭世派的文章，這是很可惜的事。」「中國人生
在世，確乎是重實際，少理想，更不喜歡思索那『死』，因此不但生活上，就
在文藝裏也多是凝滯的空氣，好像大家缺少一個公共的花園似的。」很顯然，
廢名希望以文藝的形式探索生命哲學的內容。對中國文學傳統中這一方面的
缺乏，他感到非常遺憾。因此，對舊詩文中的相關內容，廢名顯得格外珍惜。
他說：「李商隱詩『微生盡戀人間樂，只有襄王憶夢中』，這個意思很難得。
中國人的思想大約都是『此間樂，不思蜀』，或者就因爲這個緣故在文章裏乃

〔註112〕馮文炳：《〈妝台〉及其他》，《談新詩》，第 220 頁。

〔註113〕馮文炳：《〈妝台〉及其他》，《談新詩》，第 222 頁。

失卻一份美麗了。我嘗想，中國後來如果不是受了一點佛教影響，文藝裏的空氣恐怕更陳腐，文章裏恐怕更要損失好些好看的字面。」庾信「草無忘憂之意，花無長樂之心」、「霜隨柳白，月逐墳圓」以及「物受其生，於天不謝」，「可謂中國文章裏絕無而僅有的句子。」〔註 114〕在這些詩文中，廢名看到的是「如此美麗，如此見性情」的詩意，而在這些深蘊「禪意」的詩情中，他更看重的是那種深廣的人生哲學的韻味。

廢名正是以這樣一個非常獨特的角度，個性化地進入了東方精神文化傳統。從中梳理出現代人的精神和哲學。

三

事實上，分析廢名在哪些方面表現得「傳統」，或在哪些「傳統」的發掘中蘊蓄著「現代」追求，這並不是本節的最終目的。我最感興趣的是，廢名——包括其他一些具有相同文學觀念的詩人、作家——有意識地表明這樣一種延續「傳統」的姿態和立場，在當時那種注重求新求異、認為「歐化就是人化」的新文學主潮中，多少顯得有點特立獨行。那麼，他們究竟是出於怎樣的考慮？他們是要與新文學主潮背道而馳呢？還是殊途同歸？

通過前文的分析可以看出，以廢名為代表的現代派詩人當然不是逆新文學的潮流而動，他們的目標很明確，就是要寫「純然的現代詩」，寫出「現代人在現代生活中所感受的現代情緒，用現代的詞藻排列成的現代的詩形。」〔註 115〕他們的理想顯然與新文學的方向完全一致，所不同的祇是，他們不再是單方面地向外國文學中去尋求啓發，而是同時把目光投向了初期新文學多所迴避的中國古典詩文傳統，在兩種不同文學傳統和體系中，進行創造性的選擇和融合。他們是同時向東西兩個傳統出發，最終抵達的卻是新詩自身的創造性和「現代」性。這個雙向的思路明顯較其他單向向西的思路要開闊得多，同時也更有利於找到一種適合中國新詩發展的自主的、個性化的道路。當然，這種思路也不是憑空產生的，它產生於新文學草創初期的文學成就和經驗教訓的積累之上。一方面，正如卞之琳所說：「在白話新體詩獲得了一個鞏固的立足點以後，它是無所顧慮的有意接通我國詩的長期傳統，來利用年深月久、

〔註 114〕廢名：《中國文章》，載《世界日報‧明珠》第 37 期，1936 年 11 月 6 日。
〔註 115〕施蟄存：《又關於本刊中的詩》，載《現代》第 4 卷第 1 號，1933 年 11 月 1日。

經過不斷體裁變化而傳下來的藝術遺產」,「傾向於把側重西方詩風的吸取倒過來為側重中國舊詩風的繼承。」〔註116〕另一方面,也正因為從新詩發生開始的各種嘗試中,出現了種種食洋不化的弊病,也促使後來的詩人詩論家們進行更深入的反思。當然,還有一個不可否認的因素是,這個群體裏的詩人和作家,都具有一種相似的文學「趣味」,這種「趣味」也許看不見摸不著,但確實奠定了他們共同探索的感情基礎。

基於這些基礎,他們得以以認真開放的心態重新考察中國古詩傳統。在我看來,他們的考察和重釋不是簡單的模倣或接續,而是一種創造。之所以這樣說,是因為他們對於傳統和現代的融會並不做簡單的加法,他們決不是從兩方面各選取一些因素——語言的、意象的、形式的等等——融化在一首具體作品中,也不是局部地尋找一些可用的材料,做成中西合璧的「拼盤」,甚至,他們也不是要以現代的方式修改傳統,從而遮蔽傳統的複雜性。他們的確是在複雜豐富的傳統中篩選取捨,以現代人的眼光和需求,尋找新文學觀念的傳統根源,並在重新總結和梳理中確認自我、找尋現代趨向。應該說,重釋傳統祇是他們的手段和途徑,而最終的目標始終指向新詩的「現代」化理想。

由此,我們很容易聯想到周作人的文學觀念,尤其是他將現代散文喻為「一條湮沒在沙土下的河水,多少年後又在下流被掘了出來,這是一條古河,卻又是新的」〔註117〕的說法。這與廢名所說的溫李「這一派的根苗又將在白話新詩裏自由生長,這……也正是『文藝復興』」的說法如出一轍。眾所週知,廢名是周作人最親密的弟子之一,他的為人為文都受到周作人的巨大影響。他們的趣味相近,文學觀念、文章風格也都多有相似之處,因此,他們同把新文學理解為傳統文學的「文藝復興」,也是極為自然的事情。事實上,廢名也確曾明白地表示過對周作人文學觀念的贊同。他說:

> 豈明先生到了今日認定民國的文學革命是一個文藝復興,即是四百年前公安派新文學運動的復興,我以為這是事實,本來在文學發達的途程上復興就是一種革命。有人或者要問,新文學運動明明是受了歐洲文學的鼓動,何以說是明朝新文學運動的復興呢?我可以拿一個比喻來回答,在某一地勢之下才有某一條河流,而這河流可以在某種障礙

〔註116〕卞之琳:《戴望舒詩集・序》,《人與詩:憶舊說新》,三聯書店,1984 年。
〔註117〕周作人:《雜拌兒跋》,《周作人自編文集・永日集》,河北教育出版社,2002 年,第 77 頁。

之下成爲伏流，而又可以因開濬而興再流之勢，中國文學發達的歷史
好比一條河，它必然的隨時流成一種樣子，隨時可以受到障礙，八股
算得它的障礙，雖然這個障礙也正與漢文有其因果，西方思想給了我
們撥去障礙之功，我們只受了他的一個「煙士披裏純」，若我們要找
來源還得從這一條河流本身上去找，我們的新文學運動正好上承公安
派的新文學運動，由他們的問題再一變化自然的要走到我們今日的
「國語的文學」，這是一個必然的趨勢，我們自己就不意識著，它也
必然的漸漸在那裡形成，至於公安派人物當時鼓吹文學運動的思想與
言論是怎樣的與我們今日的新文學運動者完全一致，在這裡我還可以
不提，我祇是就文學變化上一個必然性來說。〔註118〕

從這段長長的引文中可以清楚地看到，廢名對周作人的文學觀念不僅僅是認
同，而且還融入了自己的理解和闡釋。最重要的是，他將周氏的散文觀提高
到「文學變化的必然性」層面上並加以擴展，將之延伸至散文以外的其他文
學體裁中，這樣，也就很自然地把詩歌納入了這一整體的框架系統當中。

　　值得注意的是，在周作人、廢名的文學觀念中，「傳統」與「現代」並不是
截然相悖的。這個思路與新文學初期一些割裂傳統轉向西方的極端做法相比，
顯然有了相當明顯的進步。在他們的視野裏，「傳統」並不等同於陳腐的、沒有
生命力的糟粕，而是一座沉默著的礦山，有已經被過度開採的廢礦坑，但也有
仍有活力尚待開發的礦點。同樣，他們眼中的「現代」也並非西方尺度的現代，
並不是追趕上西方的潮流或對其模傚得惟妙惟肖就是實現了新文學的「現代」
性轉變。甚至於，他們並不把「傳統」與「現代」看作勢不兩立、非此即彼的
關係，也不認爲「傳統」的就一定不是「現代」的，而「現代」的就一定是反
「傳統」的。在他們看來，「傳統」與「現代」之間是一種你中有我、我中有你
的相通關係。這樣的思路和觀點，對我們今天的文學創造和文學研究都有著啓
發和警醒的意義。因此，在這個意義上談廢名等人的文學觀念，也許不應這樣
完全不假思索地使用「現代」的概念，或許，說他們富有創造力，比說他們「現
代」更爲恰切。事實上，他們這種在自身的傳統中找尋「現代」化出路的方式，
也的確體現了一種非常具有創造力的文化抱負。

〔註118〕廢名：《〈周作人散文鈔〉序》，《廢名文集》，第119頁。

　　　　張潔宇，中國人民大學中文系副教授，100872，13681041858，
　　　　zhangjieyu@pku.org.cn。

第四節　格律的美麗——論林庚的詩學觀念

　　林庚是中國新詩壇上的一道非常獨特的風景。其獨特性首先表現在他與傳統詩歌間深刻的精神聯繫上，這種聯繫令林庚在「現代派」詩人群體中顯得獨具風格。對此，廢名曾準確地指出：「在新詩當中，林庚的分量或者比任何人要重些，因為他完全與西洋文學不相干，而在新詩裏很自然的，同時也是突然的，來一份晚唐的美麗了。」〔註119〕李長之在評論《春野》一詩時也曾稱道：「從本質上，林庚的詩是傳統的中國詩的內容的，也是一個優美閒雅的中國氣息的詩人，也很少有染到近代世界性的觀感，這首詩就直然像五代人的詞了。」〔註120〕

　　「晚唐的美麗」固然概括出了林庚詩歌意象、意境，以及詩人心態情緒和感受方式等多方面的獨特個性，並引起了當時評論界和後來文學史家的普遍重視。但在我看來，林庚的詩歌還有另外一份獨具的「美麗」更值得關注，我稱之為「格律的美麗」或「詩化語言的美麗」。這份美麗長久以來被批評界忽視了（這種忽視也許是有意的，因為評價林庚的詩歌格律探索並非一件容易的事情）。其實，正是在這份「美麗」的背後，在詩人「從自由詩到新格律詩」的探索過程中，貫穿著林庚對於詩歌本質的不懈思考，而這種思考正昭示著其頗為獨特的詩學觀念。

　　從1931年初涉新詩創作開始，到1935年前後轉向「新格律詩」的探索，直至二十世紀八、九十年代發表的幾篇重要論文〔註121〕，林庚一直在關注和探討著詩歌的本質、規律與發展等重大問題。如此長期致力於對詩歌發展道路的自覺探尋的詩人，在整個中國詩壇上也為數極少。林庚堅持著一條獨特的道路，儘管我們至今仍無法下結論說這就是一條成功且具有普遍性的道路，但是至少，從他的思考中我們能夠獲得更加新鮮獨特的思路和啟發，進而走向更深的詩學觀念探索。我以為，與那些形成了個人風格後就故步自封的詩人相比，林庚的自覺前行是非常珍貴的，而且，從中還體現出他過人的勇氣和藝術創造力。

〔註119〕馮文炳：《林庚同朱英誕的詩》，《談新詩》第185頁。

〔註120〕長之：《春野與窗》，《益世報・文學副刊》第9期，1935年5月1日。

〔註121〕這裏主要指《〈問路集〉序》（1983年）、《漫談中國古典詩歌的藝術借鑒》（1984年）、龍清濤《林庚先生訪談錄》（1995年）、《從自由詩到九言詩》（1998年）等文章。均收入《新詩格律與語言的詩化》，經濟日報出版社，2000年。

　　林庚的詩學觀念探索是緊緊圍繞於詩歌形式問題而生發的。他自己也曾說：

> 從 30 年代到 90 年代這半個多世紀裏，我一面從事新詩創作，一面也寫了些有關新詩創作的想法。詩歌作爲一種藝術體裁，首先遇見的就是它的形式問題，因而這方面產生的爭論也就最多。形式怎樣才能更有利於詩歌的創作乃是問題的核心，不同的意見也是以此爲焦點的。〔註 122〕

因此，追蹤林庚關於詩歌形式的思考，就可以清晰地觸到其詩學觀念的演進發展過程，而這一過程，在中國新詩發展的歷史上，也具有相當重要的代表性和理論價值。

一

　　林庚的詩歌創作道路大體可以分爲兩個階段。從 1931 年至 1935 年，是其「自由詩」創作階段。1935 年以後，他進入了一個長期的格律詩探索時期。

　　1931 年，林庚在清華大學中文系學習期間開始了詩歌創作。他最初在《清華周刊》、《文學月刊》等刊物上發表過不少舊體詩，而與此同時，他也開始了對白話新詩的創作嘗試。與舊體詩相比，新詩不僅在形式上打破了一切束縛，同時也在創造的精神上賦予了詩人極大的自由。50 多年後，林庚在憶及自己開始創作「自由詩」的情形和感受時還說：

> 自由詩使我從舊詩詞中得到一種全新的解放，它至今仍留給我彷彿那童年時代的難忘的歲月。當我第一次寫出《夜》那首詩來時，我的興奮時無法比擬的，我覺得我是在用最原始的語言捕捉了生活中最直接的感受。〔註 123〕

這種直截的創作經驗堅定了林庚對於「自由詩」的認識。在他看來，「自由詩」之所以「自由」，不僅是因爲它在外表上擺脫了舊詩詞形式的束縛，實現了詩行的自由和韻律的自由；同時，它更體現爲一種駕馭語言和文字的內在「自由」，即「用最原始的語言捕捉了生活中最直接的感受」。這種語言上的「充分自由且富於探索性」，才是眞正解放詩人的情感與思維，並使新詩之爲「新」的根本原因。惟此，自由詩才能「追求到了從前所不易親切抓到的一些感覺

〔註 122〕林庚：《從自由詩到九言詩》，《新詩格律與語言的詩化》第 15 頁。
〔註 123〕林庚：《問路集・序》，《問路集》第 1 頁，北京大學出版社，1984 年。

與情調」，而「永遠予人以新的口味」，令人感到「其整個都是新的」〔註124〕。

對「自由詩」的這種獨特認識，決定了林庚重視詩歌內容和「詩的感覺」的詩歌觀念。他在創作的同時也自覺地進行著詩歌理論的探討，以此闡明其詩學觀念與追求，並與創作實踐相呼應。其中，最能代表其「自由詩」階段詩歌理念的文章，就是發表於 1934 年 11 月的《現代》雜誌上的《詩與自由詩》。

在這篇論文中，林庚將「自由詩」界定爲「傳統上我們有過的詩」之中的一個分支。他認爲：

> 自由詩是近年來才有的名詞，其發源來自於法國。西方文壇十九世紀後半葉浪漫主義的高潮已經過去，各種流派紛至遝來，象徵派等自由詩體在法國接踵而出；又正趕上那時執十九世紀詩壇之牛耳的英國，在一度燦爛的花果後已漸顯出枯萎的氣象；從前的路似是走不通了；於是這自由詩便以其代表一個新的方向的追求，影響於全世界的詩壇，雖然在外表上有些嘗試似乎是失敗的，而實際的變化卻已深入到新詩壇的靈魂中，這乃是無可懷疑的事實。〔註125〕

從林庚對「自由詩」概念及淵源的解釋中，可以看出他的兩個基本思路。事實上，這兩個思路一直貫穿了他幾十年的詩歌理論探索。

第一，他並未把「自由詩」定義爲與中國古典詩歌相對立的白話新詩，而是參照西方詩歌發展歷程，將關注的重點置於其「象徵主義」內涵。換句話說，他沒有侷限於中國新詩的形式變革，而是非常鮮明地強調了詩歌感覺方式和情感方式等內在因素的重要性。在這個角度上，林庚顯然與同時期很多以語言和形式的自由爲出發點的詩人詩評家有所不同，他看重的是詩歌內在品格與本質性特徵。從這個意義上說，林庚的詩歌觀念已經超越了將詩歌形式與內容簡單割裂的思路。

第二，這段話還反映了林庚以歷史的眼光審視詩歌自身發展變化的思路。在他看來，自由詩的興起是因爲古典詩歌的衰落枯萎，因爲「從前的路似是走不通了」，所以出現了這種「代表一個新的方向的追求」的詩體。因此，他看重和肯定「自由詩」，就是看重和肯定其「別開蹊徑」和不陳陳相因的「草創的新鮮感」，以及由此帶來的無窮的生命力。這種新鮮感重振了詩歌的生命力，帶來詩歌發展的「變通」，而以歷史的眼光看，「自由詩也許有一天會命

〔註124〕林庚：《詩與自由詩》，《現代》第 6 卷第 1 期，1934 年 11 月 1 日。
〔註125〕林庚：《詩與自由詩》，《現代》第 6 卷第 1 期，1934 年 11 月 1 日。

運終結的，那便是它宣告完全成功的時候。類乎傳統的詩也許有一天會重又生長起來，那便也得要等到這一天的來到！以後呢？是又是一個自由詩的時代嗎？又是一個傳統詩的時代嗎？那只有作家們在追求中是能夠曉得的，誰能夠爲未來的創作充當預言家呢？」〔註126〕

很顯然，林庚從一開始就擺脫了庸俗的「進化」思想，他抱有一種歷史的觀念，卻並不簡單地認爲「後者」必定優於「前者」。在他看來，傳統詩歌與自由詩之間，「決不是該不該寫，與那個好那個壞的問題」，問題的關鍵在於哪一種形式更能體現當下詩人的現代生活和鮮活情感。也就是說，「詩的感覺」才是決定詩歌內容與形式等一切因素的基礎。

因此，與同時期很多人觀點不同的是，林庚認爲，區分傳統的詩與自由詩的界限不在於形式上的分歧，而在於「內在的不同」。用他自己的話說：「其實詩與自由詩的不同與其說是形式上的不同，勿寧說是更內在的不同。」由於傳統的詩中「一切可說的話都概念化了，一切的動詞形容詞副詞在詩中也都成了定型的而再掉不出什麼花樣來了。」所以其詩的「泉源」也就「枯竭」了，「在這時候詩人乃放棄了一向寫詩的工夫，而努力於打開這枯竭之源，尋找那新的語言生命的所在，於是自由詩乃應運而生。」〔註127〕也就是說，「自由詩的重要並非形式上的問題，乃在他一方面使我們擺脫了典型的舊詩的拘束，一方面又能建設一個較深入的活潑的通路；這種詩的好處即在於他是完全新的」〔註128〕，這個「新」，是內容的新、原素的新、本質的新，而這種內質的「新」呼喚一種形式上的「新」來加以承載和體現，則是必然的了。

基於這一基本觀點，林庚呼應當時盛行的關於「瓶」與「酒」（亦即「形式」與「內容」）的討論時說：

> 有新瓶之前也必須先有新酒，方才有得可裝；一味迷信形式的人，則多以爲只要裝在新瓶裏的便算新酒了；因此新瓶雖多，其奈皆是空瓶子乎！
>
> 舊瓶之所以變成舊瓶乃是由於酒先舊了，則如欲造一個新瓶，自然也必須先有新酒。可是新酒既不能裝在舊瓶中，又還沒有一個新瓶，到底裝在什麼裏頭呢？曰：「自由詩」。

〔註126〕林庚：《詩與自由詩》，《現代》第6卷第1期，1934年11月1日。
〔註127〕林庚：《詩與自由詩》，《現代》第6卷第1期，1934年11月1日。
〔註128〕林庚：《詩的韻律》，《文飯小品》第3期，1935年4月5日。

> 自由詩可以說不像任何舊有的詩體，所以便不受任何舊詩體中習慣
> 氣氛的影響；這充分自由的天地中沒有形式的問題，每首詩的內容
> 是自己完成了他們的形式。在這裡因其打破了舊有的習慣，隔絕了
> 舊形式的作用，使得這初長成的詩方不至有沾染到濫調的危險；才
> 能自由的把新酒釀造起來；然後我們才能談新瓶。〔註129〕

林庚是在其能解放詩的感覺的意義上肯定自由詩體的。他自己嘗試自由詩、提倡自由詩，大約也在一定程度上抱有一種擺脫原有的僵化的束縛，先找到詩的感覺的策略性目的。正因這種精神上的「全新的解放」，詩人才得以感受到「彷彿那童年時代的難忘的歲月」，而他的「自由詩」創作階段也正如其詩中描繪，是「邊城荒野」上的「少年的笛聲」〔註130〕；是詩人「用如霜的筆刻下名字／記下了青春少年時代」〔註131〕。

這裡出現了一個非常有趣的問題。我們發現，林庚所謂的「新瓶」事實上指的竟然並非「自由詩」體。也就是說，在他看來，「自由詩」祗是新格律詩這個「新瓶」出現之前的過渡形式，它的意義在於打破舊有習慣，隔絕舊形式，創造一個自由的空間以充分解放詩的感覺。而當「新酒」被釀好之後，尋找和建立適合盛載這種「新酒」的新格律詩，才是林庚詩學追求的真正目的。

由此可以很清楚地看到，「自由詩」創作階段的林庚看重的是詩的「感覺」。他說：

> 一個文學作品有三件基本的東西，一是人類根本的情緒；這情緒是
> 亙古不變的；所以我們才會讀到佳作時，便覺得與古人同有此心。
> 二是所寫到的事物，這也是似變而其實不變的；如從前寫一刀一槍
> 的戰爭，現在寫飛機大炮的戰爭，從前寫武士戀愛，現在人寫洋涇
> 浜戀愛；中國字的二加三等於五與阿拉伯字的 $2+3=5$，似變而其
> 實沒變。古人寫海，今人亦寫海，古人寫青山，今人亦寫青山，古
> 人寫離鄉背井，今人亦寫，不過古人坐牛車而今人或乘飛機，略不
> 同耳。曰然則文章豈不亙古不變乎？豈不寫來寫去不過如此乎？曰
> 不然，還有第三呢，那便是感覺，那便是怎樣會叫一個情緒落在某
> 一件事物上，或者說怎樣會叫一件事物產生了某種情緒的關鍵。……

〔註129〕林庚：《詩的韻律》，《文飯小品》第 3 期，1935 年 4 月 5 日。
〔註130〕林庚：《無題二》。
〔註131〕林庚：《曾經》，《問路集》第 157 頁。

這感覺的逐漸敏銳，我們便又見唐人的寫山水還只不過在寫山水，而宋人詞中的寫山水便直是在寫人了。感覺的敏銳與深入固無關乎作品的偉大與否，因偉大的成分是在情緒上；是感覺的進展，卻確是人類精神領域的園丁；有了這進展所以才有一代一代不同的詩；……我們才能解釋所謂初唐盛唐晚唐究竟是什麼意思。然而這種進展卻不是能憑空飛躍的；一方面固要靠已有的詩情爲其基礎，一方面卻更要從新的生活中體會；於是最初是蘊藏在人們不查覺中，漸漸的流露在文學上，終於蔚然成一時代了。〔註132〕

正是詩的感覺的變遷，引起了詩歌內容的發展，從而要求詩歌形式的改變。「在傳統的詩中似無專在追求一個情調 Mood，和一個感覺 Feeling 這類的事，它多是用已有的這些，來述說描寫著許許多多的人事。如今，自由詩卻正倒過來，它是借著許多的人事來述說捕捉著一些新的情調與感覺；它是啓示著人類情感中以前所不曾察覺的一切；且其所追求的範圍是如此的深而且廣，其文字之必須有極大的容量乃是無可奈何的事，而文字不夠用的感覺所以便在這裡才會覺到，至於形式之必須極量的要求自由，在文字尚且如此時自更是當然的事了。」〔註133〕

　　歷史地說，看重「詩的內容」和「詩的感覺」，是 1930 年代一批追求「純詩」的詩人們的共同詩學追求。第一個稱讚林庚的「晚唐的美麗」的廢名，就是一個詩歌感覺的強調論者。廢名曾贊晚唐詩人李商隱、溫庭筠「眞有詩的內容」、「眞有詩的感覺」，而這種「詩的內容」和「詩的感覺」，正使得晚唐詩符合了「我們今日新詩的趨勢」。廢名的觀點與林庚大有相似之處，廢名說：「我們的新詩首先要看我們的新詩的內容，形式問題還在其次。」而「解放的詩體最不容易屬假，一定要詩的內容充實。」有了「詩的內容」，文字是新是舊、是文言是白話並不重要，因爲「我們的新詩一定要表現著一個詩的內容，有了這個詩的內容，然後『有什麼題目，做什麼詩；詩該怎樣做，就怎樣做。』要注意的這裏乃是一個『詩』字，『詩』該怎樣做就怎樣做。」〔註134〕

　　林庚、廢名之看重詩的感覺，其實就是從詩歌內部去理解和界定詩歌本質，而非取決於表面的形式。在這個意義上，他們消解了自由詩與格律詩之間的對立。正如林庚一貫堅持的：「自由詩因此也不是天生與格律詩成爲對頭

〔註132〕林庚：《詩的韻律》，《文飯小品》第 3 期，1935 年 4 月 5 日。
〔註133〕林庚：《詩與自由詩》，《現代》第 6 卷第 1 期，1934 年 11 月 1 日。
〔註134〕馮文炳：《新詩應該是自由詩》《談新詩》第 21～22 頁。

的。格律詩所想保證的正是自由詩所要取得的語言上的自由，而自由詩所喚醒的久經沉睡的語言上的藝術魅力也正是爲格律詩的建設新詩壇準備下豐富的靈感。」〔註135〕

這樣的詩學觀念，決定了林庚在詩歌創作上的重大轉變。當他把握住了新詩的感覺，釀就了「新酒」，建立了足夠的自信後，他開始了對新詩格律的嘗試和探索，用他自己的話說，就是「開始尋求新詩更鮮明的形式」。

二

1935 年，對於林庚來說，是非常重要的一年。就在這一年，他的詩歌創作呈現出明顯的轉變。他自己曾回憶說：

> 我從 1931 年開始寫自由詩，當時一寫就感到真是痛快，很嘗到了其中的甜頭。隨後相繼出版了《夜》《春野與窗》兩本詩集，都頗博得好評。既然嘗到了甜頭，又一帆風順地取得了成就，論理我應該作爲自由詩的戰士一直戰鬥下去。可是 1935 年起我卻決心嘗試改寫新格律詩，並也相繼出版了兩本詩集《北平情歌》與《冬眠曲及其他》。
> 這似乎有點出人意外，也爲很多詩友們多不能諒解。〔註136〕

林庚的轉變的確「有點出人意外」而且不爲諒解。戴望舒當時就對他提出了「好意的勸阻和忠告」，而錢獻之、廢名等人也表示了對他轉向格律詩的嘗試的不以爲然〔註137〕。但是，林庚對自己的新路堅定不移，儘管「當時對於新詩格律方面還真沒有什麼很具體的方案，祇是通過創作實踐來不斷地摸索而已」〔註138〕。

林庚雖已在自由詩創作中取得了卓然的成績，但他還是敏銳地看到，自由詩「沒有語言的陣地，繁榮不能長久」，而他本人也「已陷入困境」，因此他希望能通過提倡格律詩來爲新詩找到一條新的發展途徑，他的努力「核心便是詩歌語言的重建」。〔註139〕

其實在我看來，林庚的轉變不僅說不上「出人意外」，而且還表現出嚴密的邏輯性甚至必然性。因爲即便在他專注於自由詩創作的時期，他也並未否定韻律之於詩的重要意義。他一直堅持，新詩之「新」，是「新」在詩的感覺

〔註135〕林庚：《從自由詩到九言詩》，《新詩格律與語言的詩化》第 20 頁。
〔註136〕林庚：《從自由詩到九言詩》，《新詩格律與語言的詩化》第 15 頁。
〔註137〕參見龍清濤：《林庚先生訪談錄》，《新詩格律與語言的詩化》第 158 頁。
〔註138〕林庚：《從自由詩到九言詩》，《新詩格律與語言的詩化》第 15～16 頁。
〔註139〕龍清濤：《林庚先生訪談錄》，《新詩格律與語言的詩化》第 154～156 頁。

和內容上，而形式則應適宜於傳達這一感覺和內容。形式和內容是共同服務於詩歌本質的，詩人不僅要感受和傳達出詩的感覺，同時也不應放棄在形式上對詩歌特質的體現。

　　因此，到 1930 年代中期，當新詩的感覺與內容已經成熟，新詩建立的首要任務已經完成的時候，詩歌形式問題自然成為了林庚思考和探索的主要問題。更何況，在林庚看來，自由詩的「革命不能無限進行下去，更不能讓散文徹底『革』了詩的『命』。……革命之後應該建設──這建設的核心便是詩歌語言的重建。」因此，為了找到一個獨立於散文之外的詩歌自己的陣地，以保證詩歌本質的不被破壞，林庚自然而然地轉向了詩歌形式的思考。更確切地說，是通過探索詩歌形式，建立對新詩本質的認識，「在現代的生活語言上建設一個能與散文分庭抗禮的高層次的語言陣地」。〔註 140〕

　　即使在寫自由詩的時候，林庚也「並不對韻律的詩悲觀」，因為他認為「自由詩的重要並非形式上的問題，乃在他一方面使我們擺脫了典型的舊詩的拘束，一方面又能建設一個較深入的活潑的通路；這種詩的好處即在於他是完全新的，但卻因此也便只能代表著一個方面。……故自由詩在今日縱然是如何的重要，韻律的詩也必有須要有起來的一天。」〔註 141〕可見，在林庚看來，束縛了新詩詩情的不是韻律本身，而祇是被用得僵化了的舊詩詞中一些典型的形式套路。至於格律本身，仍不失為詩歌的一個「前提」：

　　　　新詩與舊詩的區別不在有否格律，而在語言。舊詩有舊詩的格律，
　　　　新詩有新詩的格律，就像音樂必須有旋律。散文像一條線似的直走，
　　　　詩歌是在跳著走，因而有旋律。〔註 142〕

林庚的觀點讓人想起聞一多的格律詩追求。聞一多認為：「做律詩，無論你的題材是什麼，意境是什麼，你非得把它擠進一種規定的格式裏去不會，彷彿不拘是男人，女人，大人，小孩，非得穿一種樣式的衣服不可。但是新詩的格式是相體裁衣。……律詩的格律與內容不發生關係，新詩的格式是根據內容的精神製造成的。這是它們不同的第二點。律詩的格式是別人替我們定的，新詩的格式可以由我們自己的意匠來隨時構造。這是它們不同的第三點。有了這三個不同之點，我們應該知道新詩的這種格式是復古還是創新，是進

〔註 140〕龍清濤：《林庚先生訪談錄》，《新詩格律與語言的詩化》第 157 頁。
〔註 141〕林庚：《詩的韻律》，《文飯小品》第 3 期，1935 年 4 月 5 日。
〔註 142〕龍清濤：《林庚先生訪談錄》，《新詩格律與語言的詩化》第 156 頁。

步還是退化。」〔註143〕

聞一多的觀點與林庚存在相通之處〔註144〕。他們都並不因舊詩有格律，就在反對舊詩時一併拋棄格律。他們是將格律理解爲「詩」在形式上特有的藝術特徵，只不過在建設新詩時，不能再因襲舊詩的格律，而是要以創新的精神選擇合乎新詩的新的格律形式。更進一步說，他們都是把新詩的韻律看作服務於新詩精神和新詩內容的一種必要形式。

值得注意的是，林庚繼承了聞一多等1920年代提倡並實驗格律詩的先驅者們的理論精神，同時也總結了他們的經驗教訓，看到他們後來在實驗中「把形式看得太重要」，以致誤入了「豆腐乾」詩的歧途。他認爲，「那並不是韻律的沒有價值，而是追求者錯了。」因此，他在提倡韻律的時候，時刻不忘強調詩的內容的充實，因爲「充實的詩中自會產生出韻律來的」〔註145〕。可以說，林庚是在借鑒了前人經驗的基礎上調整了自己的觀念，始終把內容與形式並重，而且堅持內容對形式的決定作用。或者說，有了新詩的精神和充盈的感覺，再配以最具「自然性」的韻律，才能生成成功的詩歌作品，林庚稱這種成功之作爲「自然詩」：「自然詩的性質，自然詩的價值是自然，故其外形亦必自然，外形的自然則自由反不如韻律」，所以「自然的詩爲使其外形『雖有若無』，於是採用一個一致的有韻的形式；輕車熟路，走過時便自然一點也不覺得了。讀這樣的詩時，我們是快樂的覺得許多如此好的字恰如我們所習慣的跳到眼前來；好像這首詩不是從外邊來的，乃是早已藏在我們的心中；於是我們幾乎記不得什麼詩了，祇是欣悅著，這便是最自然的詩。」〔註146〕可以看出，林庚關於韻律的認識與葉芝有些相近。後者是認爲有規律的節奏可以把讀者帶入一種半醉半夢的入迷狀態，林庚則著重強調韻律帶給讀者的熟悉感和親切感〔註147〕。事實上，他們提倡韻律的目的都是一個，即要讓

〔註143〕聞一多：《詩的格律》，《晨報·詩鐫》第7號，1926年5月13日。

〔註144〕林庚確實接受了聞一多的影響。他曾在《詩的韻律》一文中談到：「韻律的重要絕不主要由於音樂的成分；記得聞一多先生曾把專憑聲調鏗鏘來使詩取悅於人的詩人比爲娼妓詩人；這話固然有些過分，⋯⋯但是輕視了詩本身的力量，希望借助於低弱的音樂（詩的平仄等連音樂上melody程度都不夠）的效果，以吸引讀者的歡心；總是不怎麼偉大吧！」

〔註145〕林庚：《詩的韻律》，《文飯小品》第3期，1935年4月5日。

〔註146〕林庚：《詩的韻律》，《文飯小品》第3期，1935年4月5日。

〔註147〕林庚在《詩的韻律》中說：「自由詩本來好比是在陌生崎嶇的地方探險；而韻律的詩則是在每天散步的道上遇見一個美麗的姑娘了。」即指這種熟悉與親

詩歌更易於被讀者接受和理解，並以其特有的形式加強詩歌的本質屬性。

　　具體到操作方法的層面。從自由詩到新格律詩，林庚以「詩歌語言的重建」爲目的的藝術探索中，最爲關鍵的兩個問題就是「建行」與「半逗律」的運用實踐。

　　「建行」是新詩自我界定的一個標誌，也是其自立於散文之外的一個重要特徵。林庚認爲，「詩是語言的藝術，語言原是建立在概念的基礎上，而藝術是不能落於概念化的。所以詩面臨的是這樣的問題，它所賴以生存的生活語言正是它所要突破的。詩歌語言突破生活語言的邏輯性的過程就是詩化，它包括詩的句式、語法和辭彙的詩化。詩歌句式的成熟是詩化最表面的標誌」。〔註148〕

　　在新詩草創初期，由於詩歌語言的過度散文化，分行書寫幾乎成爲衡量詩之爲詩的唯一尺規。1920年代，朱自清的學生在爲他謄抄一首詩歌作品時，就曾爲節省紙張而不分行書寫，使其成爲一篇優美的散文。可見，在新詩發展初期，建行的標準不僅沒有得到足夠的重視，同時也沒有被自覺地與詩歌語言本身的節奏聯繫起來。

　　相比之下，林庚對建行的認識一直是相當嚴格的。他認爲：

> 詩是一種有節奏的語言，假如詩可以沒有節奏，我們將沒有理由以
> 爲詩還有分行的必要，它也就變爲與散文一樣。而且僅僅分行的詩
> 也還是詩的過渡形式；詩不但要分行，而且行的自身也要有節奏的
> 作用。〔註149〕

> 「節是制約，奏是進行，這乃是意味著一種起跳的動作，我們每當
> 想要跳得更有力些就自然地會先行停頓一下；這也就正是詩歌語言
> 與散文語言的區別之處。散文語言好比走路，一步一個腳印地不停
> 地走著；詩歌語言好比舞蹈，是跳著走的；歌舞正原本就是孿生的。
> 新詩之所以無論如何必須分行，就因爲這每一個分行實際上也是一
> 次停頓，如果連這個也沒有，那就與散文沒有什麼區別了。」〔註150〕

直到1990年代，林庚仍在強調：「中國古詩用不著分行寫，但不分行寫也等

切。

〔註148〕林清暉、林庚：《林庚教授談古典文學研究和新詩創作》，《新詩格律與語言的詩化》第164頁。

〔註149〕林庚：《詩的語言》，《益世報》「文學周刊」第80期，1948年2月28日。

〔註150〕林庚：《從自由詩到九言詩》，《新詩格律與語言的詩化》第17頁。

於分了行，它們通過鮮明一致的節奏形成典型詩行。因此，新詩陣地的問題也就是這建行的問題，建行要求規範性，嚴格而普遍。」〔註151〕很顯然，林庚提倡的建行決不等於簡單的分行書寫，他要求詩行自身的節奏，這種節奏造就了詩行的規範、嚴格和普遍，保證了詩歌語言的自足。

追蹤林庚的思路，可以發現他對於形式的重視。因為在他的觀念裏，「美是與形式有關的」，「詩的語言在離開詩的形式時，便必然落於散文的形式，……詩因此與詩的形式成為不可分的兩件事；在詩的形式上詩說著散文所不能說出的話」。〔註152〕也就是說，形式雖然不能決定內容，也不能脫離或高於內容，但形式與內容一樣，是具有對詩歌本質進行規定意義的兩大要素。詩之不同於散文，除了它具有散文所不能傳達的「精神」和「感覺」之外，它還必須要在語言上建立自己鮮明的形式，並通過這種獨特形式構築散文形式所不能具備的美學效果。在林庚看來，同時守住詩的感覺與詩的格律兩個方面，詩歌才能具有獨立的強大的力量，得以「與散文判然可分」。

可以說，建行是林庚在詩歌語言的重建中所設定的第一個目標，為此，他進行了大量的嘗試。為了建立一種嚴格規範的詩行，林庚從 1935 年開始，嘗試過五言、七言、八言、九言、十一言、十五言，甚至長達十八言的多種詩行，可以想像，他是懷抱著怎樣執著的熱情進行這樣多方面探索的。

在林庚的多種嘗試中，有一個核心的問題，就是尋找最適合的節奏。他回顧自己摸索的過程時說：「在茫無頭緒之中，我只好採取了一種統計的辦法，把當時手頭所能找到的新詩中比較上口的詩行摘選出來，看看其中有什麼共同的因素沒有。這樣在摘選中乃終於發現了一個『五字音組』（如『××的××』、『×××的×』之類）在上口的詩行中它居於絕對的多數，也就是最佔有優勢，我當時稱之為『節奏單位』。」他在這個「節奏單位」的基礎上，加上不同的字數構成詩行，於是就形成了「三・五」的八言、「四・五」的九言，如此等等。

比如十言的《柿子》：

　　冰凝在朝陽玻璃窗子前
　　北平的柿子賣最賤的錢
　　街上有疏林與凍紅的臉

〔註151〕龍清濤：《林庚先生訪談錄》，《新詩格律與語言的詩化》第 157 頁。
〔註152〕林庚：《詩的語言》，《益世報》「文學周刊」第 80 期，1948 年 2 月 28 日。

> 　　冬天的柿子賽蜜一般甜

十五言的《秋深》：

> 　　北平的秋來故園的夢寐輕輕像帳紗
>
> 　　邊城的寂寞漸少了朋友遠留下風沙
>
> 　　月做古城上情人之夢吧夜半角聲裏
>
> 　　吹不起鄉愁吹不盡旅思吹遍了人家

在我看來，林庚的格律詩中的確回蕩著迷人的韻律。五字的「節奏音組」形成了天然的輕重音和長短音的恰當搭配，而整齊的詩行更將全詩帶來了一種如歌的旋律。林庚正是在這樣大量的嘗試中探索著詩歌語言的規律，雖然他自己說「嘗試中的盲目性仍然存在，成功率因而也還很低」〔註153〕，但從收入《問路集》的15首選自《北平情歌》和《冬眠曲及其他》兩集的格律詩作品來看，我認爲他的探索的確已經取得了值得矚目的成績。

　　在對五字「節奏音組」的摸索中，林庚最終創建了「半逗律」的概念。事實上，「節奏音組」和「半逗律」正是新詩建行力量的最關鍵和最基礎的兩個支撐點。爲此，林庚摸索了十五年。他說，「這十五年間我主要不是先有理論再來實踐，而是在實踐中逐漸地認出了理論」。到 1950 年他「終於找到了十一言（六・五）、十言（五・五）這兩種可取的典型詩行」，也「是出於創作實踐中不斷的感性體會」。〔註154〕直到最後，他進入了九言詩的集中創作。

　　九言詩是建立在「半逗律」基礎上的一種典型詩行。所謂「半逗律」，即通過句逗作用把詩行分爲近乎均勻的上下兩半。林庚對「半逗律」的摸索來自他研究古典詩歌時受到的啓發。1940 年，他在研究楚辭《涉江》的斷句過程中發現，楚辭中的「兮」具有句逗的作用，據此可以推知，中國古詩均是半逗，繼而通過與新詩的對比，他進一步發現，半逗是漢語詩歌的一個普遍特徵，因此他將其運用於自己的格律詩創作中，創造出九言詩（五・四）的典型詩行。

　　由於是建立在大量統計和比較的基礎上的，所以林庚對半逗律的典型性非常自信。他說：「典型詩行乃是意味著這樣詩行的出現既是『這一個』又是億萬個，既是特殊的又是普遍的。正因其如此，詩歌的形式才不是對於內容的束縛而是有助於內容的湧現。」也就是說，他希望達到這樣一種美學效果，即以形式保證了作爲詩歌語言的特徵，同時又因其接近漢語普遍習慣和其因

〔註153〕林庚：《從自由詩到九言詩》，《新詩格律與語言的詩化》第 22 頁。

〔註154〕林庚：《從自由詩到九言詩》，《新詩格律與語言的詩化》第 25 頁。

簡單普遍造成的涵容性，盡可能地使詩人在創作中獲得自由和解放。此外，在讀者方面來說，由於被熟悉的韻律和節奏喚起期待，讀者也能夠更加容易地接近、接受和理解詩歌作品。

我並不是說，林庚的九言詩已經成爲了新詩的成功範本〔註155〕，我要強調的是，無論其嘗試成功與否，他對於詩歌形式的探索及其在新詩發展過程中冒險大膽運用格律的做法，是值得肯定的。因爲在我看來，這是一種對詩歌本質與本體進行探尋的珍貴努力。而且，通過這種努力，我們可以清楚地看到林庚的詩學觀念——內容與形式並重、堅持詩歌語言的獨特性。用他自己的話說：

> 其實說到什麼是「詩」，「詩」原祇是一種特殊形式的語言，詩如果
> 沒有形式，詩就是散文、哲學、論說，或其他什麼，反正不是詩。
> 〔註156〕

從這個意義上說，林庚的轉變不是突兀的，也談不上存在藝術的遺憾。因爲他畢竟是新詩發展進程中的一次自覺、大膽的可貴嘗試，具有承前啓後的文學史意義。

三

縱觀中國新詩的發展道路就會發現，對於詩歌形式——尤其是格律——的探索一直是相當艱難的。原因不難理解，新詩的建立首先是以打破舊詩詞形式爲立足點的，格律於是似乎成爲舊詩的一種標誌，注定要在舊詩被摒棄的同時一同被取消。但是，在一些詩人的觀念中，詩歌形式又並非祇是一種對新詩詩情的束縛那樣簡單，作爲詩歌藝術特徵的外在體現，格律其實也參與了對詩歌本質的規定，成爲一種明確詩之爲詩的重要因素之一。而且，從美學的角度說，格律也的確能夠帶來一種形式美和語感美。因此，如何在文學革命和詩歌觀念中尋求一個平衡？如何爲新詩找到一種新的格律，使之區別於舊詩形式，既不損害新詩精神，又能在形式上體現詩歌的自立和獨特形式特徵？這就變成了這些詩人和理論家關注的問題。解決了這個問題，無疑

〔註155〕事實上，林庚一些 1950 年代的詩作中也存在由於內容與意象的淺白和過度的口語化所造成的一定程度的失敗。如「上午的天嗎藍得透頂/下午的天嗎透頂地藍/村子剛解放沒有說的/春天一到了誰都該忙」之類的作品，雖然具有開創九言詩體之功，但不能算是好的詩作。這恰好說明，韻律的形式畢竟還要建立在成熟的詩情詩性之上。

〔註156〕林庚：《再論新詩的形式》，《文學雜誌》第 3 卷第 3 期，1948 年 8 月。

可以既鞏固新詩的陣地、擺脫來自散文的壓力，又開創出新詩發展的一條通途。因此，這個問題從 1920 年代新詩成長初期開始，就一直成為詩壇的一個挑戰，直至今天。

1920 年代，穆木天提出「用詩的思考法去想，用詩的文章構成法去表現」的詩論〔註 157〕；王獨清也提出「有韻、分行」的「純詩」理念〔註 158〕；聞一多更是明確地提出了詩歌的「節的勻稱」、「句的均齊」，以及詩歌的「三美」——「音樂美」、「繪畫美」、「建築美」〔註 159〕，並將之付諸實踐。此外，還有徐志摩、饒孟侃、卞之琳等人，也都提出並在不同程度上嘗試實踐過新詩格律的探索。林庚正是他們當中的一員，同時更是其中最專注最堅忍的一員。

我想，很少有人真正認為中國新詩的發展可以忽略形式的問題，但真正實踐詩歌形式探索的人卻為數甚少，原因不外乎兩個——找不到思路，或缺乏勇氣。我之所以反覆稱道林庚的勇氣，就是因為他對於中國強大的古詩傳統，絲毫沒有採取迴避的態度，而是積極而且自信地發現和發掘傳統詩歌中有用的礦藏。他說：「中國是一個詩的國度，文學革命最初的嘗試也爭先從這方面下手，……然而詩的潛勢力既已深入了我們每一個人的嗜好，古詩的存在又不能視若無睹；這便都是問題糾紛的所在。」本著「一切過去的探討無非都是為未來的使命，一切藝術的瞭解本都有助於寫作」的出發點，他提出，要「在新詩與古詩的不同上獲得它們更內在的相同」〔註 160〕。這種「相同」，其實並不完全取決於詩歌的外在形式，而是接近了詩歌的本質特徵。我認為，也正是林庚這種對待傳統的獨特態度，才使得他的創作從詩情到詩形都顯得卓然不同。

除了來自傳統詩歌的營養之外，林庚的格律探索還得益於民歌民謠，這是基於他對漢語語言特徵的認識之上的。他說：「文言發展為白話既是一個客觀事實，……五七言是秦漢以來以至唐代的語言文字最適合的形式，而今天我們的語言文字顯然不同了，……今天我們要接受這一個民族形式就得要把五七言形式的傳統同今天語言文字（也即口語或白話）的發展統一起來，……對於這個

〔註 157〕穆木天：《譚詩》，《創造月刊》第 1 卷第 1 期，1926 年 3 月 16 日。

〔註 158〕王獨清：《再談詩》，《創造月刊》第 1 卷第 1 期，1926 年 3 月 16 日。後文中王獨清引文未注明出處者均出自此文。

〔註 159〕聞一多：《詩的格律》，《晨報·詩鐫》第 7 號，1926 年 5 月 13 日。

〔註 160〕林庚：《漫話詩選課》，《宇宙風》第 130 期，1943 年 3 月。

陝北民歌有一首『藍花花』……似乎正在朝著這一個方向走。」〔註161〕

　　此外，林庚還非常關注詩歌發展的現實狀況。前文已經談過，林庚一向歷史地看待詩歌的發展和詩潮的更疊，因此，1930 年代的詩歌發展現狀就成爲林庚詩學思考的起點。他說：

> 30 年代是新詩不可復得的黃金時代，一時間幾乎再也看不到舊詩的
> 刊物了。但漸後便感難以爲繼了，舊詩死灰復燃。當時作爲自由詩
> 作者的我自己已陷入困境，其他詩人也出現分途：一路是把詩寫得
> 晦澀，以保持其語言混沌含蓄的詩性特徵，但實際上變成了一種與
> 散文捉迷藏的遊戲；另一路則直接喊口號提倡散文化。……另有人
> 乾脆回去寫舊詩了。〔註162〕

這個困境，就是林庚所謂新詩尚未獲得語言陣地的困境。要擺脫這個困境，林庚選擇了格律化的道路。他認爲，將詩歌格律與新詩情緒相結合，既能夠擺脫散文的壓力，回歸詩歌本質的原素，同時也堅守了新詩的陣地，保證了對詩歌情感和現實人生的追蹤與一致。

　　作爲關注詩歌歷史與發展，同時又致力於創作實踐的一位詩人，林庚的現實觀察是準確的，其藝術感覺更是敏銳的，因而，他的擔憂應該不是多慮，而他所遭遇的「困境」也應具有一定的代表性。

　　連林庚自己也感到意外的是，最初對他的格律探索提出過勸阻和忠告的戴望舒，竟然在 1936 年創作了一首形式非常齊整的《小曲》：

> 啼倦孤鳥藏喙在彩翎間，
> 音的小靈魂向何處蹁躚？
> 老去的花一瓣瓣委塵土，
> 香的小靈魂在何處流連？
> 它們不能在地獄裏，不能，
> 這那麼好，那麼好的靈魂！
> 那麼是在天堂，在樂園裏？
> 搖搖頭，聖彼得可也否認。
> 沒有人知道在哪裡，沒有，
> 詩人卻微笑而三緘其口：

〔註161〕林庚：《新詩的「建行」問題》，《問路集》第 213 頁。
〔註162〕龍清濤：《林庚先生訪談錄》，《新詩格律與語言的詩化》第 156 頁。

> 有什麼東西在調和氤氳，
>
> 在他的心的永恒的宇宙。

對於這首有韻且詩句齊整的作品，林庚也覺得「讓人難以置信地出乎意料之外」，更何況戴望舒此後的詩作「也似乎就是這樣來寫的」。林庚因此得出結論：「新詩壇在經過自由詩的洗禮後，正在呼喚著新格律詩的誕生，這乃是不以人們的意志為轉移的。」〔註163〕

　　當然，客觀地說，林庚、戴望舒在 1930 年代進行了格律詩的再度探索，並不就說明了自由詩的終結和格律詩的必然趨勢。但是，這種轉向作為文學現象來說，至少體現出一部分詩人自覺的詩藝探索，同時，更反映出新詩在一定的發展階段中對藝術形式提出的新的要求。

　　到了 1940 年代，林庚更在新詩發展的現狀中找到了提倡格律詩的根據。他說：

> 現在放在新詩面前的，是兩個問題，一個是「大眾」，一個是「詩」。有人說「大眾」就是「詩」，正如同也有人說「自然」就是「詩」是一樣，那麼既有了「大眾」既有了「自然」又何貴乎還有「詩」呢？「詩」與「大眾」原不就是一件東西，也正因如此，「詩」與「大眾」的打成一片，才成為一個問題，才成為一個理想。
>
> 從新詩運動以來，詩壇的變化約可以分為三個段落，第一個段落是擺脫舊詩的時期，那便是初期白話詩以迄《新月》詩人們的寫作；第二個段落是擺脫西洋詩的時期，那便是以《現代》為中心及無數自由詩詩人們的寫作；第三個段落是要求擺脫不易淺出的時期，那便是七七事變起以迄現在的詩壇。這裡第一個階段可以說是詩的解放，第二個階段可以說是詩的建立，第三個階段可以說是詩的走向成熟。當白話詩初從文言詩中解放出來的時候，白話詩正如被釋放的囚徒立在十字街頭，不知如何運用他的自由方好，這樣不覺的便模倣了西洋詩，到了第二階段、發現了模倣途徑的錯誤。於是埋頭苦幹，鈎深索隱，希求有一份自己的創造，這是一個艱難的時期，然而因此才奠定了新詩的地位，新詩才離開舊詩離開西洋詩而成為自己的表現，這是一個深入的時期。於是到了第三個階段，便又要

〔註163〕林庚：《從自由詩到九言詩》，《新詩格律與語言的詩化》第 16 頁。

求從深入回到淺出，深入淺出原是一個天然的順序，一個至高的理想，到了淺出的階段，這裡便同時又是大眾問題。〔註164〕

1940年代，新詩「大眾化」的要求越來越廣泛，很多詩人為了順應這一潮流，改變了原來的創作風格；同時，也有一些詩人仍然堅守「純詩」的道路，與「大眾化」詩學相抗衡。相比之下，林庚的策略是較為獨特的，同時也顯得更為積極。他不僅堅持了自己原有的藝術追求，而且還令其與新詩發展的現實要求相符。他準確地把握住「深入淺出」這一「大眾化」詩學的核心思想，並將其與自己的詩歌觀念相聯繫，以「深入」詮釋詩的感覺和情緒，而將「淺出」體現在他所提倡的具有普遍性和自然性的格律形式上。在他看來，「詩能夠掌握語言上的新音組，詩才能有全新的普遍的語言，詩行才能成為一個明朗不盡的形式。深入與淺出，在這形式上，乃從而獲得新的解放與統一。」

格律，作為人們熟悉的詩歌原素，又因其在民歌民謠中的應用而被廣泛接受，因此，它正可以既是「詩」的、又是「大眾」的，也就是林庚所說的「深入淺出」。他認為，「如果想接近於大眾而不流於淺，獲得詩的表現而不落於深；我們要打通這由深到淺的一條通路，就必須有一個橋梁，那便是詩的普遍形式。」「詩的形式真正的命意，在於在一切語言形式上獲取最普遍的形式。原來任何一句話，一段文字，都有其自己的形式，祇是這形式不能普遍，所以就不能成詩。五七言是詩的形式，我們也就是從一切特殊的形式裏解放出來；……形式的普遍既就是形式的解放，於是表現才能深入淺出；大量流傳的詩句所具有的遠過於散文的明朗性，是很難由沒有形式的詩篇寫出的。詩的形式正是詩的明朗性，它本不是一種悅耳的裝飾。」

在林庚幾十年的詩歌美學追求中，他的詩歌觀念始終沒有改變，但他同時也一直在關注詩歌發展的現狀與變化。直到1980年代，林庚還在探索詩歌語言與形式的建設。他看到，「從報刊到電視，從話劇到小說，新的白話散文已經佔領了文言舊有的陣地，祇是詩壇上文言詩的鑼鼓甚至遠比新詩更為熱鬧，一些原來新詩壇的闖將也轉而寫舊詩了。新詩沒能取代五七言舊體詩，就證明它詩化的程度還不夠，建設的過程還未完成。」因此他堅持認為，「我們需要為新詩探索出新的格律，新詩才能發展。」〔註165〕

〔註164〕林庚：《再論新詩的形式》，《文學雜誌》第3卷第3期，1948年8月。後文無注釋引語皆出自此文。
〔註165〕林清暉、林庚：《林庚教授談古典文學研究和新詩創作》，《新詩格律與語言的

　　林庚追求詩歌本質性的藝術特徵，同時又堅持認爲「好詩是擁抱生活的」，因此，他在「詩化」與「大眾」的追求之間尋得了一條獨特的道路。我們固然還不能說這就是最爲有效的道路，因爲畢竟詩壇至今仍面臨這種在「詩化」與「大眾」之間猶豫不決的困境，但是我想，林庚的思路無疑是值得關注而且具有啓發意義的。更令人感佩的是，詩人幾十年來從不張揚，祇是默默地進行著他自己園地的耕耘，但事實上，他是極爲關注詩歌命運和發展前途的，我想，他一定認爲以自己具有說服力的實績來影響推進詩歌的發展是勝於空論的。我由此想起他 1930 年代說過的一句話：「像天文家發現海王星一般，希望的開始是悄悄而荒涼的；沒有人曉得，只有幾個天文家在冷清刻苦的探索著」，我願這希望得以實現，因爲到那時，「最快樂的」就應是那「曾經忍受著那寂寞的人」〔註166〕。

第五節　「新詩分歧路口」上的梁宗岱

　　1930 年代前半期，是梁宗岱在詩歌理論與批評方面創造力最爲豐沛的一個時期。1935 年和 1936 年相繼出版的《詩與眞》和《詩與眞二集》，既是他個人在詩學理論上的重要收穫，也是中國新詩理論探索中的代表性成果。儘管在梁宗岱的詩學理論中，仍然缺乏完備的系統性，但其主要觀點和思路還是比較明確的，那就是：以「純詩」爲理想，以融合中西古今詩學爲方法，在詩歌語言的「音」與「義」的關係探索中，關注形式元素，強調形神統一。其對意象、象徵和格律化等方面的探索，都爲漢語詩歌寫作的發展提供了很大啓發。

　　在以往的梁宗岱詩學思想研究中，受到關注和討論較多的，是他的「純詩」理論和他「中西交融」的方法與立場。孫玉石先生認爲：梁宗岱「由系統介紹瓦雷里的象徵主義創作，更爲自覺地和系統地倡導『純詩』的理論，進一步完成了新詩本體觀念由寫實主義、浪漫主義到現代主義世界跨進的剝離工作。……他的主張不僅在觀念上劃清了詩與散文的界限，而且爲現代主義的新詩本體觀念中詩歌運載工具自身所占的地位與作用的實現、爲詩的表現手段自身存在性價值的認同、爲純詩可以擁有的藝術審美力量的張揚，做了富有深度的思考。東方象徵詩、現代詩本體觀念的建設由此而躍進到了一

詩化》第 166～167 頁。
〔註166〕林庚：《甘苦》，《問路集》第 180 頁，北京大學出版社，1984 年。

個新的自在的層面。」〔註167〕這個評價已充分肯定了梁宗岱對中國新詩理論建設所做出的貢獻，本節不再贅述。本節希望進一步討論的是：在從1920年代後期開始的追求「中西交融」的詩學潮流中，梁宗岱的「純詩」理論及其實踐究竟具有怎樣的獨特性？他的「純詩」理想到底是空靈玄奧、遙不可及的，還是針對現實、有的放矢的？此外，在從那時起直至今日的對於新詩歷史的反思和對漢語詩歌寫作的不斷建設中，梁宗岱在1930年代所提供的見解和思路，究竟具有怎樣的意義和效用？

一、

問題要從梁宗岱發表於1935年的一篇文章說起。

1935年11月，《大公報》文藝欄下設的「詩特刊」創刊，身爲主編的梁宗岱爲之撰寫「發刊辭」，題目爲《新詩底十字路口》〔註168〕，就發表在11月8日該刊的創刊號上。在這篇文章中，梁宗岱醒目地提出了一個觀點，即新詩「已經走到了一個分歧的路口」。他說：

> 我們似乎已經走到了一個分歧的路口。新詩底造就和前途將先決於我們底選擇和去就。一個是自由詩的，和歐美近代的自由詩運動平行，或者乾脆就是這運動一個支流，就是説，西洋底悠長浩大的詩史中一個支流底支流。這是一條快捷方式，但也是一條無展望的絕徑。可是，如果我們不甘心我們的努力底對像是這麼輕微，我們活動底可能性這麼有限，我們似乎可以，並且應該，上溯西洋近代詩史底源流，和歐洲文藝復興各國新詩運動——譬如，義大利底但丁和法國底七星社——並列，爲我們底運動樹立一個遠大的目標，一個可以有無窮的發展和無盡的將來的目標。除了發見新音節和創造新格律，我們看不見可以引我們實現或接近我們底理想的方法。〔註169〕

這樣一個關於新詩現狀的觀察和發展前途的思考，似乎有點聳人聽聞。梁宗岱以這個方式無非是要更加鮮明地表達出他的詩學觀點和立場。在他看來，

〔註167〕孫玉石：《中國現代主義詩潮史論》第479～480頁。北京大學出版社，1999年。

〔註168〕此文在1936年收入商務印書館版《詩與眞二集》時，題目改爲《新詩底紛歧路口》。

〔註169〕梁宗岱：《新詩底十字路口》，《大公報・文藝》第39期「詩特刊」，1935年11月8日。本文中所有未注明出處的引文都引自於此。

1930 年代中期的中國新詩，已經到了需要充分自我反省並改變原有方向的歷史時刻。詩壇存在著嚴重的觀念上的分歧。新詩運動初期的詩學主張已在一定程度上被超越和背離，「自由詩」的前途——在梁宗岱看來——已經走上了「一條無展望的絕徑」，即便有進一步的成績，也終歸只能成為世界詩史中一個「支流底支流」，不可能帶來現代漢語詩歌寫作的真正意義上的成功。若想擺脫這個令人沮喪的命運，梁宗岱認為，只有選擇另外一條道路——「發見新音節和創造新格律」。因為只有這樣，中國新詩才能與其他語種詩歌的偉大成就相「並列」，走上真正具有「無窮的發展和無盡的將來」的前路。

這當然是一個有些驚人的判斷。因為在 1935 年這個時候，中國新詩已經在自由體式中收穫了大量佳作，而在格律探索方面也經歷了新月派一系列有成績也有問題的試驗，而梁宗岱在此時宣佈「自由詩」已走上絕徑，新詩只有「創造新格律」這一條必由之路，多少會令人感到詫異。但梁宗岱自然不會是故作驚人之語，那麼，他的思考背後應具有怎樣的淵源和深意呢？

首先，梁宗岱的判斷來源於他對新詩已有歷史的反省和批判，「自由詩」的體式問題當然是首當其衝，但也並非其全部的題中之意。他在文章起首就直率地提出：

> 現在詩壇一般作品——以及這些作品所代表的理論（意識的或非意識的）所隱含的趨勢——不獨和初期作品底主張分道揚鑣，簡直剛剛背道而馳：我們底新詩，在這短短的期間，已經和傳說中的流螢般認不出它腐草的前身了。

這就是說，新詩藝術自身的發展規律與要求，已經背離了早期的觀念，這已被創作的事實所證明。在脫離了新詩運動初期的「革命性」和「過渡性」階段之後，早期觀念暴露出了自身的問題。對此，梁宗岱看似信手拈來地提出了四個問題，卻是全方位地清理了初期白話詩的觀念。

第一，「詩不僅是我們自我底最高的並且是最親切的表現，所以一切好詩，即使是屬於社會性的，必定要經過我們全人格底浸潤與陶冶」。這一條針對的是「文學革命」初期將新詩作為建設「明瞭的通俗的社會文學」的陣地之一，忽略了詩歌自身文體特徵的觀點。梁宗岱在此提出異議，既是要強調詩歌的「個人性」和「內在性」特徵，在藝術層面劃清詩歌與其他文體之間的界限，同時也是要高度肯定詩歌作為「純文學」最高表現形式的獨特地位。

第二，「形式是一切藝術底生命，所以詩，最高的藝術，更不能離掉形式

而有偉大的生存」。這一條顯然是針對初期白話詩的反對形式——尤其是反對舊詩在形式上的各種限制和束縛——以及「詩體大解放」等口號的。在梁宗岱看來，形式是藝術的必要保證。他很早就發表過新詩的音節「簡直是新詩底一半生命」〔註170〕的觀點。他之所以強烈反對初期新詩對形式的拋棄，就是因爲在他看來，「所謂『建設明瞭的通俗的社會文學，』所謂『有什麼話說什麼話』，——不僅是反舊詩的，簡直是反詩的；不僅是對於舊詩和舊詩體底流弊之洗刷和革除，簡直把一切純粹永久的詩底眞元全盤誤解與抹煞了。」而「詩底眞元」，就與它自身的形式特質緊密相關。

第三，「文藝底創造是一種不斷的努力與無限的忍耐換得來的自然的合理的發展，所以一切過去的成績，無論是本國的或外來的，不獨是我們新藝術底根源，並且是我們底航駛和冒險底燈塔」。這裡表達的是，在對待「傳統」的問題上，梁宗岱與初期新詩論者有著完全不同的態度和立場。與新詩初期反傳統的姿態不同，梁宗岱很早就提出「二三千年光榮的詩底傳統——那是我們底探海燈，也是我們底礁石——在那裡眼光光守候著我們。」無論是像「探海燈」一樣帶來新的發現，還是像「礁石」一樣帶來危險，舊詩傳統都是不可能——也不應該——被完全忽視和迴避的。對於這個傳統，梁宗岱始終積極而清醒地採取著一種批判性繼承的態度。他說：「我深信，中國底詩史之豐富，偉大，璀璨，實不讓世界任何民族，任何國度。」「目前底問題，據我底私見，已不是新舊詩底問題，而是中國今日或明日底詩底問題，詩怎樣才能夠承繼這幾千年底光榮歷史，怎樣才能夠無愧色去接受這無盡藏的寶庫底問題。」〔註171〕應該說，梁宗岱之所以成爲「中西交融」詩學的代表，就與這種認識有關。

第四，「文藝底欣賞是讀者與作者心靈底密契，所以愈偉大的作品有時愈不容易被人理解，因而『艱深』和『平易』在文藝底評價上是完全無意義的字眼。」最後這一條，直指「胡適之體」的明白曉暢、但求人懂的美學標準。胡適曾說李商隱的那些「看不懂而必須注解的詩，都不是好詩，祇是笨謎而已。」「胡適之體」的「第一條戒律」就是「要人看得懂」，因爲他認爲，「凡是好詩沒有不是明白清楚的。」〔註172〕而梁宗岱反其道而行之，不僅認爲「『艱深』和『平

〔註170〕梁宗岱：《論詩》，《詩刊》第 2 期，1931 年 4 月 20 日。

〔註171〕梁宗岱：《論詩》，《詩刊》第 2 期，1931 年 4 月 20 日。

〔註172〕胡適：《談談「胡適之體」的詩》，《胡適文集》第 3 卷第 303 頁，人民文學出

易』在文藝底評價上是完全無意義的字眼」，甚至提出了「愈偉大的作品有時愈不容易被人理解」的相反標準，充分表明了與初期白話詩學的對立。

　　通過從這四個方面否定新詩運動初期的美學觀念和評價標準，梁宗岱推翻了早期新詩的立足之本。如果說，初期「新詩」最重要的就是「新」在其「詩體的大解放」上、「新」在否定舊詩傳統上、「新」在「言之有物」和「平易近人」上，那麼，到了梁宗岱這裡，這些標準都被動搖了。他在有意降低「自由詩」地位的前提下，傳達出一種重新製定「新詩」之「新」的標準、改寫「新詩」基礎觀念的願望。在他看來，這是一次與初期新詩背道而馳的選擇，是新詩史上一個重要的「分歧路口」。體式上從「自由」轉向「格律」，固然最為顯而易見，卻絕非他的全部目標。他的主張背後，是徹底改寫新詩觀念的「野心」。

　　由此可見，在《大公報》創辦一個「詩特刊」，在「發刊辭」中提出一個改變新詩方向的倡導，這不會是梁宗岱的一時衝動，甚至也不會是他的一次個人行為。事實上，這可能是一個群體發動的一次新的詩歌運動。這個意圖，可以通過沈從文的一篇文章得到印證。

　　就在《新詩底十字路口》發表之後的第三天，沈從文在同一張報紙的同一個版面上發表了他的《新詩的舊帳》。在這篇文章裏，沈從文幾乎通篇都在呼應著梁宗岱的觀點。比如他強調詩歌的形式，提出：「詩要效果，詞藻與形式能幫助它完成效果。」再比如，對於新詩歷史的反思，他的看法也與梁宗岱一致。他認為，「新文學運動的初期，……新詩當時側重推翻舊詩，打倒舊詩，富有『革命』意味，因此在形式上無所謂，在內容上無所謂，只獨具一種傾向，否認舊詩是詩。受詞、受曲、受小調同歌謠影響，用簡明文字寫出，它名字叫『自由詩』。那些詩，名副其實，當真可以說是很自由的。」「新詩既毫無拘束，十分自由，一切散文分行寫出幾幾乎全可以稱為詩，作者魚龍百狀，作品好的好，壞的壞，新詩自然便成為『天才努力』與『好事者遊戲』共同的尾閭。過不久，新詩的當然厄運來了。多數人對於新詩的寬容，使新詩價值受了貶謫，成就受了連累；更多數的讀者，對新詩有點失望，有點懷疑了。」此外，更與梁宗岱思路一致的是，沈從文在經過這一系列反思之後，也直接提出了「形式」的問題。他說：「新詩有個問題，從初期起即討論到它，久久不能解決，是韻與詞藻與形式之有無存在價值。」對此，

版社 1998 年。

他的觀點是：「新詩在詞藻形式上」「不可偏廢」。尤為有意味的是，他談到「新詩到這個時節可以說已從革命引到建設的路上」，於是，「少數還不放下筆桿的作者，與一群初從事寫作的新人，對『詩』的觀念再有所修正。覺得先一時『自由詩』所表示的傾向同『建設的新詩』有點衝突。大家知道新詩需要個限制，在文字上，在形式上，以及從文字與形式共同造成的意境上，必須承認幾個簡單的原則。並且明白每個作者得注意一下歷史，接受一筆文學遺產（從歷史方面肯定『詩』是什麼，得了遺產好好花費這個遺產）。」「這一來，詩的自由儼然受了限制，然而中國的新詩，卻慢慢地變得有意義有力量起來了。」〔註173〕

梁、沈二人的一唱一和，將彼此共同的觀念表達得非常清晰和充分。同為《大公報》文藝欄「詩特刊」的發起人和主編，他們無疑是在有意識地把這一詩刊作為「試驗的場所」，希望以群體之力推動這一運動。他們共同的願望是：「對中國新詩運動或許有點意義」〔註174〕。而這個意義就在於，通過打破中國新詩惟「自由體」獨尊的局面，通過發起對「格律」和詩歌「音樂性」問題的討論和創作實踐，重新樹立中國「新詩」的觀念，有效地突破「自由詩」的寫作方式，建立一種漢語現代詩的新的寫作策略，以期達到一種兼顧漢語語言特徵和舊詩傳統的「純詩」理想。

客觀地說，中國新詩從「五四」時期開始「革命」和「嘗試」，到 1920 年代初「站穩了腳跟」，再到 1920 年代後期開始出現不滿、反思和調整的要求，直至 1930 年代中期的此時，出現這樣一次大膽的徹底的二次革命——其結果如何姑且不論，至少在觀念的推進上——是具有重大的歷史意義的。

二、

有趣的是，中國新詩在 1920 年代已經走出了一條從「自由」到「格律」的摸索軌迹。到朱自清在為《中國新文學大系‧詩集》撰寫導言時，就已提出：「這十年來的詩壇就不妨分為三派：自由詩派，格律詩派，象徵詩派」〔註

〔註173〕上官碧：《新詩的舊帳——並介紹詩刊》，《大公報‧文藝》第 40 期，1935 年 11 月 10 日。

〔註174〕上官碧：《新詩的舊帳——並介紹詩刊》，《大公報‧文藝》第 40 期，1935 年 11 月 10 日。

〔註175〕朱自清：《導言》，《中國新文學大系（1917～1927）‧詩集》第 8 頁，上海良友圖書印刷公司 1935 年。

175）的說法。那麼，在以聞一多、陳夢家等人為代表的「新月派」詩人已經進行了大量得失兼備的格律探索之後，梁宗岱在 1935 年重提格律，且將之視為中國新詩發展的唯一正途，這其中的原因何在？或者說，梁宗岱與聞一多等人的格律探索之間，究竟有怎樣的異同？

用梁宗岱自己的話說，支持他重提格律的原因，「一面由於本身經驗底精密沉潛的內省，一面由於西洋詩底深一層認識底印證」，此外，還有來自對「一些平凡的，但是不可磨滅的事實」的承認。從這段話中不難看出，除了個人在藝術實踐中的反省，以及上文所說的對於新詩已有經驗教訓的檢討之外，梁宗岱的思想資源中很重要的一部分來自對「西洋詩底深一層認識」。具體地說，就是來自法國後期象徵派的詩歌理論和「純詩」觀念。

眾所週知，在「純詩」理論中，對詩歌語言的「音樂性」的強調是極為突出的。如魏爾倫在《詩藝》中所表達的：

> 音樂，至高無上，
> 奇數倍受青睞，
> 沒有什麼能比在曲調中
> 更朦朧也更曉暢。
> 對字詞也要精選，
> 切不可輕率隨便；
> 灰色的歌曲最為珍貴，
> 其間模糊與精確相連。
> ……
>
> 我們還追求色調，
> 不要色彩，只要色調！
> 哦只有色調才能使夢與夢相連，
> 使笛子與號角協調！
> ……
>
> 音樂，永遠至高無上！
> 讓你的詩句插翅翱翔，
> 讓人感到她從靈魂逸出，

卻飛向另一種情愛，另一個天堂。〔註176〕

在「純詩」論者看來，「音樂性」一方面是詩歌形式的一個關鍵性元素，它不僅可以幫助詩歌在曲調上「更朦朧也更曉暢」，「讓你的詩句插翅翱翔」，而且還能有效地協助實現詩歌語言的暗示性（且暗示性本身又與旋律性相關）；另一方面，也是更重要的方面，純詩理論中的「音樂」並非作為另一種藝術形式存在的音樂，而是詩歌內在稟有的一種品格和精神。正如穆木天所說：「詩是——在形式方面上說——一個有統一性有持續性的時空間的律動」〔註177〕。也就是說，「音樂性」在「純詩」中不是一種修辭方法，不是被藉以安排詩歌語言的技術手段，因此，它也不僅僅事關形式，不僅僅訴諸聽覺，更不是一種「音樂感」。它是一種內在於語言的、與音樂相似的精神品質，它通過語言自身的特性表現出語言之美。因此，它是詩歌最「至高無上」的理想。

深諳法國象徵主義詩學的梁宗岱，對「純詩」的「音樂性」問題當然有精到的見解和特別的重視。這從他所給出的著名的「純詩」定義中就可以看出。他說：

> 所謂純詩，便是摒除一切客觀的寫景，敘事，說理以至感傷的情調，而純粹憑藉那構成它底形體的原素——音樂和色彩——產生一種符咒似的暗示力，以喚起我們感官與想像底感應，而超度我們底靈魂到一種神遊物表的光明極樂的境域。像音樂一樣，它自己成為一個絕對獨立，絕對自由，比現世更純粹更不朽的宇宙；它本身底音韻和色彩底密切混合便是它底固有的存在理由。〔註178〕

這段話的最後一句，尤其體現了梁宗岱對「音樂性」的理解。事實上，很多研究者在引用這個「純詩」概念的時候，往往會忽視甚至刪去這句話。「像音樂一樣」——而不是通過音樂——「成為一個絕對獨立，絕對自由，比現世更純粹更不朽的宇宙」。這是音樂的理想，也是「純詩」的理想。

在梁宗岱和穆木天的認識中，「音樂性」都沒有被等同於「格律」，但毫無疑問，二者之間又是存在著必然聯繫的，因為格律確實是輔助音樂性實現的一個重要手段。在梁宗岱看來，「形式是一切文藝品永生的原理，只有形式

〔註176〕魏爾倫：《詩藝》，《象徵主義‧意象派》（黃晉凱、張秉真、楊恒大主編）第237頁，中國人民大學出版社1989年。
〔註177〕穆木天：《譚詩——寄沫若的一封信》，《創造月刊》第1卷第1期，1926年3月16日。
〔註178〕梁宗岱：《談詩》，《人間世》第15期，1934年11月5日。

能夠保存精神底經營，因爲只有形式能夠抵抗時間底侵蝕。……一切要保存而且值得保存的必然地是容納在節奏分明，音調鏗鏘的語言裏的。……沒有一首自由詩，無論本身怎樣完美，能夠和一首同樣完美的有規律的詩在我們心靈裏喚起同樣宏偉的觀感，同樣強烈的反應的。」對於漢語——包括文言與白話——而言，最能體現語言的「節奏分明，音調鏗鏘」和「有規律」的方式就是「格律」；對於中國詩人而言，因爲受到傳統詩歌的深刻影響，也會自然而然地把「格律」作爲營建詩歌「音樂性」的最便捷有效的途徑之一。只不過，無論是爲區別於舊詩格律，還是爲表明其西學淵源，都要在「格律」前面冠以一個「新」字。

就這樣，雖然是基於不同的理論立場，梁宗岱和聞一多殊途同歸地走向了新詩的格律建設。但是，二者之間存在著幾個方面的不同。

首先，在理論出發點上，梁宗岱的新格律提倡是建立在「純詩」觀念的「音樂性」理論的基礎上的，換句話說，他是因爲先認可「純詩」的「音樂性」追求，才強調音節與格律的意義和效用的；而聞一多等人則較少「純詩」意識，而是將新格律置於療救新詩語言過於散文化的現實弊病的作用和意義之上，目的在於爲新詩尋找一個新的規範，劃清詩與散文之間的界限。

其次，在具體的理論闡釋中，聞一多發明了著名的「三美」理論，提出了「音樂美」、「繪畫美」和「建築美」，並且更強調「建築美」的重要性；而梁宗岱不僅只強調「音樂」這「一美」，而且對聞一多對「建築美」的側重也表現了不以爲然。他說：「我覺得新詩許多的韻都是排出來給眼看而不是押給耳聽的。這實在和韻底原始功能相距太遠了。固然我也很能瞭解波特萊爾底『契合』（Correspondances）所引出來的官能交錯說，而近代詩尤注重詩形底建築美，……但所謂『契合』是要一首或一行詩同時並訴諸我們底五官，所謂建築美亦即所以幫助這功效底放聲，而斷不是以目代耳或以耳代目。」〔註179〕在梁宗岱看來，「建築美」是訴諸於形體和視覺的，它與詩歌的音樂性本質事關兩路，未必能對音樂美有所幫助。事實上，聞一多的「三美」說的確在實踐中遭受過類似「把詩寫得很整齊……但是讀時仍無相當的抑揚頓挫」的批評。〔註180〕

最後，在個人創作實踐方面也存在一定的差異。聞一多的新格律是以舊詩格律爲參照對象的，其方法上多借鑒西詩音律；而梁宗岱的格律探索因以

〔註179〕梁宗岱：《論詩》，《詩刊》第 2 期，1931 年 4 月 20 日。
〔註180〕梁實秋：《新詩的格調及其他》，《詩刊》第 1 期，1931 年 1 月 20 日。

漢語特殊性爲出發點，對比於外語詩歌——此問題留待後文詳談——所以反而更多地表現爲對傳統詩律的親近。〔註181〕

由此我們就完全可以理解，爲什麼在聞一多家的「黑屋聚會」之後十餘年，在1930年代的「京派」文人圈子裏，在梁宗岱、朱光潛合住的北平北海後門慈慧殿三號的朱家客廳裏，又出現了一個以探討詩歌格律和實驗詩朗誦爲主要內容的讀詩會。作爲主人之一的梁宗岱，顯然也是這個實驗的重要發起人。據沈從文的回憶：

> 這個聚會在北海後門朱光潛先生家中按時舉行，參加的人實在不少。北大計有梁宗岱、馮至、孫大雨、羅念生、周作人、葉公超、廢名、卞之琳、何其芳、徐芳……諸先生，清華計有朱自清、俞平伯、王了一、李健吾、林庚、曹葆華諸先生，此外尚有林徽因女士、周煦良先生等等。這些人曾在讀詩會上作過有關於詩的談話，或者曾把新詩舊詩外國詩當眾誦過，讀過，說過，哼過。大家興致所集中的一件事，就是新詩在誦讀上，究竟有無成功可能？新詩在誦讀上已經得到多少成功？新詩究竟能否誦讀？差不多集所有北方新詩作者和關心者於一處，這個集會可以說是極難得的，且爲此後不易如此集中的。〔註182〕

就在這個頗具規模的讀詩會上，與會者通過朗誦的方式，發現了新詩在音樂性方面的很多問題。比如，「有些詩看來很有深意，讀來味同嚼蠟」，「自由詩不能在誦讀上有什麼意想不到的效力。不自由詩若讀不得其法，也祇是哼哼唧唧，並無多大意味。」他們由此「得來一個結論，就是：新詩若要極端『自由』，就完全得放棄某種形式上由聽覺得來的成功打算。……若不然，想從聽覺上成功，那就得犧牲一點『自由』，無妨稍稍向後走，承認現實，走回頭路，在辭藻於形式上多注點意，得到誦讀時傳達的便利」。〔註183〕

當然，與抗戰開始後的「朗誦詩運動」不同，朱家客廳的讀詩實驗的目的是希望借助朗誦的方式摸索詩歌音樂性的規律，追求詩歌語言音義結合產生的那種「符咒似的暗示力」和「喚起我們感官與想像底感應，而超度我們底靈魂

〔註181〕參見《梁宗岱文集》（第1卷），尤以詩集《蘆笛風》爲代表。（中央編輯出版社、香港天漢圖書公司2003年）。
〔註182〕沈從文：《談朗誦詩》，《沈從文批評文集》第130頁，珠海出版社1998年。
〔註183〕沈從文：《談朗誦詩》，《沈從文批評文集》第130頁，珠海出版社1998年。

到一種神遊物表的光明極樂的境域」的理想效果。而處於大眾化詩學脈絡中的朗誦詩運動，則更多的是為服務於詩歌的大眾化追求，「因為，一首詩必須是能夠朗讀，或者是能夠歌唱，才能夠有大眾詩，才能接近大眾，才能為大眾所吸收。」〔註184〕這兩者的理論差別無疑是巨大的，其在實踐中的效果和反響也相去甚遠。但是，並不能因此就認為前者的實踐意義不及後者，也不能下結論說梁宗岱的主張就是神秘而純粹的。有研究者認為，梁宗岱的純詩概念比朱湘、穆木天、曹葆華「都要小，更純粹」。最明顯的就是，「對於音樂和詩的神秘暗示力的強調，使其理論和他的純詩論導師瓦雷里的純詩一樣，衹是一種獨特的不可企及的詩的理想境界，一種預設的最高標準。」〔註185〕這是我所不能同意的。因為在我看來，正是這個看似神秘的純詩理想，因為有效地落實在音樂性的問題上，事實上已為中國新詩的格律建設切實提供了一個可靠的理論支持。早已有人肯定，「梁宗岱的『純詩』理論的提出，實質上是對二三十年代中國詩壇風氣的反駁」，「是從可實踐性的角度去理解和提倡純詩」，「將這一理論與中國新詩創作現狀相結合，使其更具針對性，從而也具有一定的可操作性。」我對此非常贊同，但要補充強調的是，在「為詩與散文勾畫具體的界限，強調生命哲學與宇宙意識，要求觀念的具體化和戲劇化以及現實生活的背景化」〔註186〕這些方面之外，以格律的提倡來實現純詩的音樂性，並以音樂性的強調來打破自由詩的一統天下，以尋找符合漢語語言特色的詩歌寫作的新方向，這才是梁宗岱純詩理論中最具有實踐意義的部分。

三、

正如有研究者指出的：「漢語詩歌的格律，在本質上是關於漢語言特性的問題，具體地說就是漢語的音樂性，即通過語詞的重複、迴旋實現字音乃至情緒的相互應答。它在古典詩歌中不會凸顯為一個單獨的問題，因為它與古典詩歌的其他問題連成一個整體，並理所當然地成為古典詩學的核心。但在新詩，格律一度處於被強行取消之列，語言的變化也使得格律難以獲得詩學

〔註184〕穆木天：《穆木天文學評論選集》，轉引自劉繼業《新詩的大眾化和純詩化》第120頁，北京大學出版社2008年。
〔註185〕劉繼業：《新詩的大眾化和純詩化》第40～41頁。
〔註186〕段美喬：《實踐意義上的梁宗岱「純詩」理論》，《北京大學學報（哲學社會科學版）》2001年第2期。

上的支持（新詩誕生之初所要求的『明白如話』已經使新詩語言因乾癟乏味而喪失了內在的節律感），因此當它被重新提出時，難免引起爭議。在新詩中格律問題變成了：新詩的語言——現代漢語是否具有格律所要求的某種基質，既然它在外在樣態上是與後者不相容的？」〔註187〕

回頭再看「新詩分歧路口」上的梁宗岱。他在 1935 年冒著「難免引起爭議」的風險，公開倡導一條「發見新音節和創造新格律」的道路，並發動了一場相關的創作實驗，其目的就在於尋求一種適合現代漢語語言特徵，甚而能夠進一步發揮這一特徵的優長之處的詩歌寫作策略。在這個尋求的過程中，他不斷重新發掘舊詩遺產中的資源，從形式到內容，廣泛吸收孔子、屈原、陶淵明、陳子昂、李白、王維、李賀等人的詩學營養，有意溝通古今中外的詩歌藝術，意在建立一種具有綜合特質的「東方象徵詩」和漢語的「現代詩」。因此可以說，梁宗岱的新詩格律探索，雖然建立在西方詩學「純詩」觀念的理論基礎之上，但其最終的目標卻是為漢語——尤其是現代漢語——的詩歌寫作尋求更遠大的發展。同樣，他的重釋傳統的努力，也是為了加深和豐富新詩的思想內容、「探檢、洗煉，補充和改善」〔註188〕新詩的語言。所以他所謂的「中西融合」，絕不是簡單地截取和拼加，而是立場鮮明地「以中容西」、「以新納舊」，其最終的立足點，始終都是落實在以現代漢語寫作為基本原則的「中」國「新」詩之上的。

由此可知，梁宗岱的格律實踐，其實是以肯定和維護現代漢語詩歌寫作為基本前提的。所不同於初期「自由詩」理論的地方祇是在於，他反對將語言上的「白話」與詩體上的「自由」相等同，希望「發見」一種不同於舊詩語言的、現代漢語特有的「新節奏」，「創造」一種符合現代漢語語言特徵的、比「自由體」更具永恒性與藝術性的「新格律」。因此他提出：

> 有一個先決的問題，徹底認識中國文字和白話底音樂性。因為每國
> 文字都有他特殊的音樂性，英文和法文就完全兩樣。逆性而行，任
> 你有天大本領也不濟事。〔註189〕

這個說法非常重要。因為它明確了梁宗岱詩學的一個最基本的立場，那就是：

〔註187〕張桃洲：《現代漢語的詩性空間——新詩話語研究》第 38 頁，北京大學出版社 2005 年。

〔註188〕梁宗岱：《文壇往那裏去——「用什麼話」問題》，《梁宗岱文集》第 2 卷第 54 頁。

〔註189〕梁宗岱：《論詩》，《詩刊》第 2 期，1931 年 4 月 20 日。

在對西方詩學有「深一層認識」的基礎上，回過頭來，肯定並立足於「中國文字和白話」的特殊性，在新詩寫作中維護和確立現代漢語的本位意識。可以說，在梁宗岱的詩學理論中，重建新詩格律，既是徹底認識漢語特殊音樂性的一條途徑，同時更是藉以推動詩歌進一步發展創新的重要方法。

正因如此，不斷發掘漢語的音樂性，成為梁宗岱格律建設的一個前提。他自己就曾舉例說：「我從前曾感到《湘累》中的『太陽照著洞庭波』有一種莫明其妙的和諧；後來一想，原來它是暗合舊詩底『仄平仄仄仄平平』的。可知古人那麼講求平仄，並不是無理的專制。我們做新詩的，固不必（其實，又為什麼不必呢？）那麼循規蹈矩，但是如其要創造詩律，這也是一個不可忽略的元素。」〔註190〕此外，他還提出：「中國底散文也是極富於節奏的」。而與他同樣熱衷於朱家客廳讀詩會的葉公超也曾提出：「新詩的節奏是從各種說話的語調裏產生的」，「在說話的時候，語詞的勢力比較大，故新詩的節奏單位多半是由二乃至四個或五個的語詞組織成功的，……這些復音的語詞之間或有虛字，或有語氣的頓挫，或有標點的停逗，而同時在一個語詞的音調裏，我們還可以覺出單音的長短，輕重，高低，以及各個人音質上的不同。……這種說話的節奏，運用到詩裏，應當可以產生許多不同的格律。」〔註191〕

事實上，關注語言、關注文學的工具與載體，這是自「五四」新文學運動開始的思想主潮。梁宗岱的思考，自是其中有價值有個性的一個組成部分，而其最獨特的地方在於，他一方面支持和關注「白話」對「文言」的革命性的全面替代，但另一方面，他又並不因為「革命」就絕對偏重白話。他對於二者各自的短長是有清醒認識的。他說：「利弊是不單行的。新詩對於舊詩的可能的優越也便是我們不得不應付的困難：如果我們不受嚴密的單調的詩律底束縛，我們也失掉一切可以幫助我們把捉和搏造我們底情調和意境的憑藉；雖然新詩底工具，和舊詩底正相反，極富於新鮮和活力，它底貧乏和粗糙之不宜於表達精微委婉的詩思卻不亞於後者底腐濫和空洞。」因此，在梁宗岱看來，如要實現文藝的最高理想，「要啟示宇宙與人生底玄機，把剎那底感興凝定，永生，和化作無量數愉快的瞬間」，〔註192〕就「不獨不能把純粹的現代中國語，即最赤裸的白話，當作文學表現底工具，每個作家並且應該要

〔註190〕梁宗岱：《論詩》，《詩刊》第2期，1931年4月20日。
〔註191〕葉公超：《論新詩》，《文學雜誌》第1卷第1期，1937年5月1日。
〔註192〕梁宗岱：《文壇往那裏去──「用什麼話」問題》，《梁宗岱文集》第2卷第52頁。

創造他自己底文字——能夠充分表現他底個性，他底特殊的感覺，特殊的觀察，特殊的內心生活的文字。」〔註193〕可以說，梁宗岱的新詩語言建設，既不是簡單的捨「文言」而取「白話」，也不是機械的捨「自由」而取「格律」，他是希望發揮漢語——包括古典形態和現代形態——的獨特性，兼顧和貫通兩種形態的優長，打造更高的文學理想。

其實，與梁宗岱的漢語寫作立場相關的，應該是他的「世界詩歌」（或「世界文學」）的觀念。因為，如果沒有一個宏觀的「世界文學」的視野，也就談不上自覺的漢語寫作意識。在我看來，在中國現代文學史上，真正具有這樣自覺的「世界文學」觀念的作家並不多，而梁宗岱則是其中很突出的一個。因此他所表現出來的氣象宏大、野心勃勃，甚至有些浪漫狂傲，其實都與這一點有關。

回到他所說的「自由詩」是「支流底支流」的判斷，這個判斷就來自他對世界詩歌歷史的全面觀察。他認定，「歐美底自由詩（我們新詩運動底最初典型），經過了幾十年的掙扎與奮鬥，已經肯定它是西洋詩的演進史上一個波浪——但僅是一個極渺小的波浪；占穩了它在西洋詩體中所要求的位置——但僅是一個極微末的位置。」所以，如果像新詩運動初期的倡導者那樣，將「自由體」的地位拔得過高，並用以支配整個新詩運動，就只能在整個世界詩歌的格局中成為一個極為有限的分支，即「自由詩」分支中的一個漢語分支。而只有正確認識和運用漢語的獨特性，中國新詩才能「和歐洲文藝復興各國新詩運動——譬如，義大利底但丁和法國底七星社——並列」，成就真正偉大的詩歌夢想。這裡姑且不談他所指出的道路是否可行、或能夠有效通往成功的目標。更重要的是，這個夢想體現了梁宗岱立足漢語寫作、力圖確立中國新詩主體意識的獨特思路。他將西方「純詩」理論中的「音」「義」結合的思想與中國傳統詩學中的格律化的藝術方式相結合，目的就是要建立一個現代漢語詩歌的「純詩」傳統。因此，他的格律探索，也正如一個樞鈕，不僅聯接了世界詩歌與漢語詩歌，同時也聯接了現代詩學理念與古典詩學傳統，其理論意義絕不與新詩史上其他的格律探索相同。對此，借用梁宗岱稱讚徐志摩的一句話來評價他本人也許最貼切不過：

深信你對於詩的認識，是超過「中外」「新舊」和「大小」底短見的；

〔註193〕梁宗岱：《文壇往那裏去——「用什麼話」問題》，《梁宗岱文集》第 2 卷第55頁。

深信你是能夠瞭解和感到「剎那底永恒」的人。〔註194〕

第六節　詩心・譯手・探路人──曹葆華與「現代派」詩

　　在很多人印象中，曹葆華（1906～1978）的譯名大於詩名。尤其是他在建國前後大量翻譯馬克恩主義經典著作和蘇聯文學理論書籍的成就，更使人們忽視了他作為詩人，尤其是作為一名現代主義詩人的一面。其實，在中國新詩發展史上，特別是在現代主義詩潮的引進和傳播過程中，曹葆華是一個功不可沒且個性極為鮮明的重要人物。他自己一共出版過 5 本詩集：《寄詩魂》（1930 年 12 月，北平震東印書館）、《落日頌》（1932 年 11 月、上海新月書店）、《靈焰》（1932 年 11 月，上海新月書店）、《巉岩集》和《無題草》（1937 年 5 月，上海文化生活出版社）。同時，他還翻譯了大量西方現代主義文學理論和文學批評的文章著作，翻譯出版了 I.A.瑞恰慈的《科學與詩》（1937 年 4 月，商務印書館），編譯了收有 T.S.艾略特、I.A.瑞恰慈、瓦雷里等 8 人 14 篇重要文學理論和批評文章的《現代詩論》（1937 年，商務印書館）。此外，他主編的《北平晨報・學園》副刊《詩與批評》（1933 年 l0 月至 1936 年 3 月，共 74 期），作為詩歌創作和理論方面的專刊，更為北平的現代主義詩人發表創作、譯介西方先進詩論提供了一個重要的陣地，甚至可以說，是《詩和批評》帶領很多青年詩人走上了現代主義詩歌創作的道路。

　　如果要給曹葆華在中國新詩──尤其是現代主義詩歌發展──進程中的貢獻作出一個適當的評價，至少有三個方面不可不談。首先，他的詩歌創作取得突出成績，獨創了一種意象奇譎、擁抱現實的苦吟風格。第二，他系統大量地譯介西方現代詩潮理論，不僅帶動了現代主義詩潮的成長、同時推進了中國詩歌批評的現代化進程。第三，他以個人的凝聚力和影響力作用於北平現代詩人群，帶動一批年輕詩人走上了現代主義詩歌創作的道路，對於中國現代新詩的發展，曹葆華的貢獻涵蓋了創作、理論、批評和人員等諸多方面。

一

　　20 世紀 30 年代初，曹葆華已是清華園內的一位「名人」。他出名的原因

〔註194〕梁宗岱：《論詩》，《詩刊》第 2 期，1931 年 4 月 20 日。

首先在其詩歌創作方面。有人評論：「他的詩人的地位，早已爲園內一般人所公認。但他更爲更多數人所知道的，似乎是他是一個 abnormal 的人。」〔註195〕他的不尋常來自他的不甘平庸，而他的不甘平庸，表現爲他的「努力異常」。據他的詩友方敬回憶：「他早年幾乎是當作每周每日的作業一樣寫了那樣多的詩，……他覺得『一日不作詩，心源如廢井』。」〔註196〕這種孟、賈式的苦吟，爲他贏來了詩名，也助他獲得了驕人的成績。

曹葆華最初的詩歌藝術探索是具有浪漫主義傾向的。他大量接觸過十九世紀英國詩歌，喜愛浪漫主義的作品，因此也貼近聞一多、朱湘等新月派詩人。他早期的《寄詩魂》、《落日頌》、《靈焰》等詩集就帶有明顯的「新月派」風格，深得朱湘等人的讚賞。曹葆華早期的創作不僅講求格律、注重詩形的均齊，而且，在情緒和內容上也多體現出浪漫率直的風格，特別是他所熱烈追求的理想，多表現爲十九世紀浪漫主義者鍾愛的「自然」、「和諧」和「永恒」。他在自剖的《詩人之歌》中明確表白自己是「『自然』的愛人」、「『道德』的叛逆」、「『美麗』的頌徒」和「『永久』的歌者」。在新月派詩人朱湘極爲讚賞的《呼禱》一詩中，他歌唱著「藝術」、「自由」的力量：

> 上帝，似乎在我心中說：
> 宇宙原來是慘澹陰沉：
> 但真理之神能驅除黑暗，
> 使混亂的萬物轉入清平。
> 藝術的王宮，自由的寶塔，
> 在智慧的陰蔽下展放光明。
>
> ——曹葆華《呼禱》

但與此同時，詩人又以敏銳的心發現和體察著現實世界的陰暗和污濁，並在由此產生的不滿情緒中強調著對理想的強烈渴望。在《寄詩魂》、《再寄詩魂》、《又寄詩魂》等一組表達心志的作品中，曹葆華真實地描述自己的心路歷程。

> 但是我舉足跳入了紅塵，
> 失望的冷灰就灑上衣襟。
> 塵沙蒙蔽了銳敏的兩眼，

〔註195〕芳中：《評曹葆華著靈焰落日頌兩詩集》，《清華周刊》第 38 卷第 12 期，1933 年。
〔註196〕方敬：《憶曹葆華同志》，《新文學史料》，1981 年第 3 期。

> 禮教枷鎖著活潑的性靈。
> 我好像行人夜入山林，
> 黑暗裏不見一線的光明；
> 耳邊只聽得人類的歎息，
> 遙應著冷風裏萬物的悲吟。
> 我因此踱入幽深的典墳，
> 探索人生奇幻的底蘊；
> 追求萬代不滅的眞理，
> 把枯萎的生命滋養繁榮。

——《寄詩魂》

> 啊!偉大的詩魂，聽我哀懇，
> 請施捨上帝悲天的慈憫，
> 垂顧我一腔赤紅的熱血，
> 救護這奄奄待斃的生命：
> 免得大地滿佈著磷火，
> 上下八荒有雷霆轟震，
> 我還用雙手擒捉眼淚，
> 蓬髮垢面大聲哭向著天庭。

——《再寄詩魂》

曹葆華的熱情呼喊，是對理想的眞誠呼喚，也是對現實社會的強烈詛咒。在這種情感本身及其抒發方式中，很容易看到聞一多等人的影響。聞一多曾用「拳頭擂著大地的赤胸」，在哭喊中「嘔出一顆心來」，直率地表達著對永遠的祖國和永不泯滅的理想的歌頌。同樣，曹葆華也曾「扯破衣袍，剖開胸心，／嘔出一朵詩花，粉化醜惡的生命。」〔註197〕

　　但是，曹葆華的「新月派」的浪漫姿態很快發生了變化。他「逐漸愛上了法國象徵派和英美現代派的詩，受到波德萊爾、韓波、龐德、T.S.艾略特等詩人的影響。詩風起了變化，爲探異尋幽而苦掘出來的有些奇特的形象和語言表現在他的詩裏。」他的詩風逐漸轉向了「僻奧怪罕，奇崛獨出」〔註198〕。當時已有評論者指出：「在《靈焰》集中尚多輕清婉麗之作，蓋受初期的浪漫

〔註197〕曹葆華：《莫笑我》，《落日頌》，上海新月書店，1932年。
〔註198〕方敬：《寄詩靈》，《方敬選集》，四川文藝出版社，1991年。

詩人的影響較深。但在《落日頌》集中，我們便很容易的發現作者的詩由單純浪漫情緒，轉入頹廢（decadence）方面。詩中充滿了生命的歎息，血淚的悲歌。」〔註199〕

這種從「單純浪漫」到「頹廢」的轉變當然不是情緒上的變化，而是一種美學追求的突破和發展，是詩人對現代主義詩歌特有的詩情詩境的靠近。詩人方敬對曹葆華轉變後的詩風曾很準確地概括為：「詩骨嶙峋」，「詩語硬挺，詩味冷澀，詩意幽晦」。方敬回憶說：「當他出第三本詩集的時候，有的朋友說，《嶧岩集》，這個書名兒可起得好，他自己倒形象地集中概括了他那些詩像嶧岩的特徵，真是一名道中，名實相副。」〔註200〕應該說，這種風格正是曹葆華尋找到的最適宜表達其內心情感的方式，他以獨特奇險的象徵性意象把握住了心中最銳敏、最矛盾、同時也是最現代的複雜情緒。儘管當時有人認為他的詩作過於晦澀難解，但詩歌發展的歷史證明，這種晦澀實際上標誌著他已成為少數真正踏上了現代主義藝術道路的詩人中的一員。

無論是初期的浪漫明朗，還是後來的奇譎苦澀，曹葆華的詩風發生了很大的變化，但他深刻的現實情懷卻始終沒有改變。曹葆華關注現實，是一個「『詩學救世』的信徒」，「他總認定詩是一種神聖的工作，是解放人類，尋求真理的唯一和永久的工具。」他的這種幾乎莊嚴的創作態度在 20 世紀 30 年代的中國詩壇上受到了廣泛的肯定，有人因此稱他為「純粹的詩人」，說他「以詩為生命，活著就為詩」，是真正「忠於詩神的青年」。〔註201〕正因為這種信念，儘管曹葆華後來熱切地參與了將西方現代主義的「純詩」理論引入中國的運動，但他從未因追求「純詩」而脫離過現實社會。也就是說，曹葆華既忠於詩神，又忠於現實，兩者相輔相成、密不可分。曹葆華沒有把「純詩」引向玄虛的哲理，而是用莊嚴的態度和「純詩」的精神緊緊擁抱著現實生活。這一點，是曹葆華詩歌創作中的一個重要特色，同時也是三十年代中國現代主義詩歌中的一個普遍特徵。特別是在 T.S.艾略特的「荒原」精神進入中國之後，這種批判現實的精神更找到了與現代主義手法相結合的途徑，表現出了深沉典型的現代主義情緒。可以說，曹葆華們將「純詩」的觀念與現實批評

〔註199〕芳中：《評曹葆華著靈焰落日頌兩詩集》，《清華周刊》第 58 卷第 12 期，1933年。

〔註200〕方敬：《憶曹葆華同志》，《新文學史料》，1981 年第 3 期。

〔註201〕長之：《落日頌》，《清華周刊》第 39 卷第 4 期，1933 年。

意識結合在一起，形成了一種具有民族色彩和現實背景的中國現代主義詩歌觀念。以他的兩首《無題》為例，就可以看出這種結合：

> 黑夜的翅膀垂下都市
>
> 萬點燈火更黯然了
>
> 還不到十月，西北風
>
> 喝起沙土，刮過了大街
>
> 刮不走街上的影子
>
> 尋找什麼，落魄的人
>
> 曳著一雙冷重的腳步
>
> 站在街前喝一口氣
>
> 看百貨店裏的大減價
>
> 正像自己拍賣靈魂
>
> ——曹葆華《無題》

「黑夜的翅膀」巨大無邊，一種略帶腥味的壓抑感撲面而來，而大風都刮不走的「街上的影子」是孤獨的流浪者，是沉重地壓在詩人心頭的歷史與現實的影子，還是一種將人追逐得無處可藏的寂寞情感。「落魄」的人有清醒的靈魂，但這靈魂在現實的環境中是無奈的，它的清醒與價值沒有人承認。詩人用象徵性意象營造出一個陰鬱冷澀的詩境、準確而深切地傳達出詩人豐富複雜的詩情和沉痛的現實情懷。

另一首《無題》中有這樣的詩句：

> 揮起破蒲扇，遮不住
>
> 太陽的紅血向頭上流
>
> 一隻黑鷹從天上飛過
>
> 像捲不走古國的憂憤
>
> 石獅子張著口沒有淚
>
> ——曹葆華《無題》

「黑鷹」和「太陽的紅血」兩個意象就已象徵出了詩人對現實社會清醒的批判和悲痛之至的絕望，更令人感到震撼的是那憂憤的石獅子「張著口沒有淚」。比起何其芳筆下驚心動魄的意象——「曾看見石獅子流出眼淚」，曹葆華似乎是較為寫實，但那種欲哭無淚的「憂憤」卻讓人感到更加深沉和痛楚。苦吟詩人曹葆華，他的詩味也的確苦澀至極。因此，他的好友方敬作詩形容他：

他總是咬著他的嘴唇，

咬著字，字咬著詩，

詩咬著他的心：

他總是咬著他的嘴唇，

他就是這樣咬著，

詩上留下感情的齒痕〔註202〕

二

　　除了以獨特詩風豐富了新詩園地以外，曹葆華還有一項更突出的貢獻，就是系統大量地將西方現代主義詩歌理論和批評方法引入了中國新詩壇。

　　1933年10月，曹葆華開始主編《北平晨報》副刊《學園》的《詩與批評》專欄。他不僅是最主要的編輯人，而且是主力作者；他不僅大量譯介西方現代主義詩歌理論和文藝批評，同時也發表了近20首詩歌作品，在理論和實踐雙方面探索中都有豐厚的收穫。在74期《詩與批評》上，共有西方理論批評譯介文章45篇，而出自曹葆華筆下的竟有32篇，以曹葆華、葆華、鮑和、白和、霽秋，志疑、陳敬容、漆乃容等署名刊出，而且有的是同一期上數篇文章都是他或譯或寫的，祇是分署不同的筆名，足見其自覺譯介西方文論的努力程度。

　　在30年代初期的北平，《詩與批評》堪稱現代詩歌理論的一塊前沿陣地，而曹葆華則是這塊陣地上最勇猛最持久的戰士。今天的文學史家認為《詩與批評》是「中國現代主義詩潮發展中的一個重要的刊物」，因為它「第一次如此大量地發表了西方現代的詩歌批評理論」，而且「大力介紹了西方現代詩學中新批評的理論和方法」，「對於增進人們對西方最新詩學批評方法的瞭解，推進對於西方新批評方法的接受與實踐，是很有意義的。」〔註203〕可見，曹葆華本人和所有《詩與批評》的作者編者的真誠努力已受到了歷史的珍視。

　　曹葆華在《詩與批評》上譯介西方現代理論的文章大體可分為三個方面。

　　首先，他和其他同路人一起直接翻譯了西方象徵主義、現代主義作家和批評家的重要文章。比如 T.S.艾略特的《論詩》（實際上就是著名的《傳統與

〔註202〕方敬：《再憶》，《方敬選集》，四川文藝出版社，1991年。

〔註203〕孫玉石：《〈北平晨報・學園〉附刊〈詩與批評〉讀箚（下）》，《新文學史料》，1997年第4期。

個人才能》。這篇文章在第 39 期和第 74 期上以同題刊登了兩遍，後者署譯者名爲靈風。可見此刊對這篇重要文章的重視）、《詩與宣傳》、瑞恰慈的《詩中底四種意義》、《詩的經驗》、《論詩的意義》、梵樂希的《前言》、雷達的《論純詩》、葉芝的《詩中的象徵主義》等等。這些文章圍繞著「純詩」、「象徵」、「傳達」等象徵主義、現代主義詩學範疇中的重要問題反覆討論，將新批評理論詳盡地引入了饑渴的中國詩壇。在《詩與批評》第 1 號上，曹葆華在《論詩》譯文前的譯者序中明確表白了自己翻譯此文、甚至是創辦這一刊物的自覺的目的：「目下國內從事做詩的，雖尚不乏人，但對於詩的理論加以深刻研究而爲文發表的，似乎遠很少見。因此我譯出這篇文章，希望能作爲對於詩有著興趣的朋友們的一種參考。」這段話清楚地表明，他的翻譯是自覺地以豐富國內詩壇的理論園地爲目的的。因此，當他發現「純詩 Pure poetry 這個名詞在國內似乎已經有人提到過，可是作爲文章以解釋或發揮的，則至今還未見到。」他就翻譯了雷達的《論純詩》，希望其「詳細的闡明」能對國內詩人有所啓發和幫助。〔註 204〕

在很多文章中，曹葆華和其他一些譯者是通過外國理論家之口說出自己的思想和觀點的，比如他們強調「意象」的飄忽不定性，認爲它可以在不同的讀者心中激起不同的經驗。他們指出「暗示」和「想像」在詩中的至關重要，提出不要用太多的思想傷害到詩歌的整體，因爲詩歌是一種整體經驗的傳達，等等。曹葆華們的譯介不是盲目的，他們所選擇的重點都是國內詩壇上亟待解決和突破的問題。選取他山之石的自覺，正是他們這個專刊的重要特徵之一。

第二，《詩與批評》中有大量對現代英美詩壇狀況和詩人作品的概述和簡介：如《近代英國詩歌》、《哀略特底詩》、《象徵派作家》等等。對法國象徵派詩人，他們系統地介紹和評價了波德萊爾、魏爾倫、蘭波等，而在這些對具體詩人詩作的譯介中，最有價值的是對艾略特和《荒原》介紹。

艾略特的劃時代長詩《荒原》眞正在中國翻譯出版是 1937 年的事，但實際上從 30 年代初起，就開始有各種文章或多或少地介紹這位影響了一個時代的詩人和他的這部作品。在 1933 年的《清華周刊》第 40 卷第 1 期上，文心翻譯的 John・Sparrow 的《隱晦與傳達》中就談到過《荒原》的難解與可解，談到有「小心的象徵在裏面穿過，並且富有知識上的用典（intellctual

---

〔註 204〕曹葆華：《論純詩》，《詩與批評》，1933 年第 5 期。

refrence）」。1934 年《詩與批評》第 28 期上，宏告翻譯的瑞恰慈的《哀略特底詩》中也討論了《荒原》的技巧，特別對於這首詩是否晦澀不可解的問題做出了回答。這篇譯文中說：「事實是大多數最優美的詩歌在初步的效果必然要模糊．在一首詩還沒有在心中清清楚楚形成之前，就是最小心最負責的讀者也應該一再重讀，費些力氣。一首出於自己的詩，一如數學中的一種新派，強迫收受者底心生長發育，然而這是需要時間的。」此外，在第 36 期中，曹葆華翻譯的《論隱晦》也談到《荒原》是「拋棄心理結構上的邏輯，既起觀念之聯想的魔術」。還有第 46 期中的《現代英國詩歌》（R.S.Charques）中也論及「出版時頗震驚一時」的《荒原》：「現在我們要拿來當作一個問題討論的，倒不是愛略特底詩之內在價值，而是他對於別的詩人以及一般現代詩的影響。……在某一種意義下，《荒地》既不是晦澀與難懂的詩……至少在現時看來已不如最初那樣晦澀與難懂……不過它的含義卻是不定的。詩底整體顯然比各部分加在一塊更大，而疑難處也正在愛略特底詩的體系。」雖然這些文章並未更多地涉及《荒原》的深層內容，但它們無疑在技巧上、觀念上傳達了現代主義的方法和理論。如果說：艾略特和《荒原》對中國現代主義詩潮的形成起到了決定性作用的話，那麼，《詩與批評》專刊和曹葆華個人的譯介功績是使之成為可能的一個不可缺少的重要因素。

第三，《詩與批評》有意識地翻譯西方現代主義理論家對文學批評、詩歌批評的理論文章，尤其是「新批評」派的理論和方法，以此帶動了中國文壇、詩壇上的批評活動走向現代化。例如，《批評中的實驗》、《批評底功能》、《實用批評》、《論批評》等都是專門討論文學批評本身的文章，它們的譯介無疑表現出譯者對推進批評理論發展的自覺。在曹葆華以「白和」為筆名翻譯的《論批評》（J．M．Murry）中，作者莫雷提出：「一個人祇是滿意把自己的一些印象記述下來，而不努力把它們構成規律底形式，不管他是什麼，他無淪如何總不是一個批評家。」「批評是一種藝術，它有它自己的技巧。」批評應該是創造性的，而且「應當公開承認它的最深刻的評判是含有教訓的。」〔註205〕在《批評底功能》中，艾略特更進一步提出：批評要的不是個人，而是原則。他提出文學批評的目的在於「達到存在於我們身外的某件東西，這件東西可以暫時被叫做真理。」〔註206〕瑞恰慈在《實用批評》中具體提供了「細讀」的方法〔註207〕。

〔註205〕白和：《論批評》，《詩與批評》，1934 年第 40 期。
〔註206〕曹葆華：《批評底功能》，《詩與批評》，1934 年第 24～25 期。

這些新的批評方法和觀念的引進，這些對創造性、規範性批評的提倡，對文本本身的特殊重視，可以說都是對中國傳統的個人印象式文藝批評的一次正面的、強大的衝擊，更是對現代批評者的視野和思路的大力開拓。

除《詩與批評》之外，《科學與詩》和《現代詩論》兩本譯文集的出版堪稱曹葆華翻譯事業的豐碩成果。根據兩書的序言的發表時間可以推斷，雖然這兩本書都是 1937 年出版的，但其完成時間約在 1934 年前後。葉公超在爲《科學與詩》一書所作的序中說：「學術的進化與文學的理論往往有因果的關係。」「我希望曹先生能繼續翻譯瑞恰慈的著作，因爲我相信國內現在最缺乏的，不是浪漫主義，不是寫實主義，不是象徵主義，而是這種分析文學作品的理論。」〔註208〕作爲志同道合的文友，葉公超從側面說明了曹葆華譯書的目的，即以「文學的理論」的譯介推動「學術的進化」，有意識地彌補國內詩壇上的匱乏與不足。曹葆華自己在《現代詩論》序中也說：「近十餘年，西洋詩雖然沒有特殊進展，在詩的理論方面，卻可以說有了不少爲前人所不及的成就。在這本書中，譯者想把足以代表這種最高成就的作品選譯幾篇，使國內的讀者能夠因此獲得一個比較完整的觀念。」〔註209〕在此，曹葆華自己道出了他譯介西方理論的目的和自覺性，他不是一個傳聲筒，不是一個沒有自己的觀點和創造力的譯匠，他的理論觀點就隱藏在他對翻譯對象的選擇中，收入《現代詩論》的 14 篇文章，其實也就是曹葆華詩歌理論主張的體現。

三

除了系統和大量地譯介西方象徵主義、現代主義理論批評之外，《詩與批評》還是當時北平校園內外青年詩人們發表詩歌作品的一個重要陣地。這片園地就像一個繽紛的花園，有異域的奇葩，也有土生土長的累累果實。曹葆華自己在這個專刊中就發表了近 20 首詩作，此外，很多現代派主力詩人，如卞之琳、李廣田、何其芳、林庚、方敬等人都爲之增色不少。如果說，在 30 年代初期，還有很多年輕的詩人處於個人詩歌探索的起步階段，藝術上尚未定型和成熟，那麼，《詩與批評》無疑起到了介紹、集合和組織的作用，將一些零散的努力彙聚成了更大的潮流。

〔註207〕曹葆華：《實用批評》，《詩與批評》，1934 年第 22～23 期。
〔註208〕葉公超，序曹譯：《科學與詩》，《詩與批評》，1934 年第 30 期。
〔註209〕曹葆華：《現代詩論序》，《詩與批評》，1934 年第 33～34 期。

　　曹葆華是個喜歡「以文會友」的詩人，在八年的清華學生生活中，他的詩名賦予了他一種凝聚力和影響力。因此，在北平現代主義詩派的人員組成方面，曹葆華的貢獻也是顯著有效的。1930 年，清華取消何其芳的學籍，何其芳是靠曹葆華的幫助才得以轉入北大繼續攻讀的。如果說「漢園三傑」的組成除了藝術上的共同追求，還有一些偶然的人的因素的話，大概曹葆華的這次古道熱腸是不應被忘記的。30 年代的清華園中詩人濟濟，一種對詩歌的共同愛好和對相同美學理想的追求形成一個強大的磁場，牢牢地吸引了志同道合的年輕人。曹葆華和葉公超、李長之、林庚、辛笛等清華傑出的詩人和批評家結成詩的友誼是非常自然的，這種友誼凝聚在他們藝術探索的共同追求中，並成為一種常新的推動力量。此外，更不必說那位深得詩人愛慕，後來成為「九葉」之一的女詩人陳敬容了，她就是因和曹葆華的愛情而從四川出走，來到北平並走上詩歌道路的。

　　詩人方敬曾經回憶起他和曹葆華在一起時的情景：「抗戰前那幾年，葆華和我同在北平。最初他還在清華園，每次進城，幾乎都到我住的景山東街旁古老的西齋宿舍小屋子來。他往往抱著一大包厚厚的外文書和詩稿譯稿，足音篤篤，急匆匆而來。他總是開口就先問又新寫了什麼、他想看看，然後他才說他也寫了詩，把詩稿取出來看，還念上幾行。隨興之所至，他就談起詩談起翻譯來，他總是稱讚別人、自己謙虛。他交遊比較廣，結識的師友比較多，愛和一些詩人、作家，翻譯家和教授往來，消息也靈通，告訴我不少有興味的新聞，特別是一些文壇和學府的佳話軼事，給我當時有些寂寞的生活添上了樂趣。他為他編的晨報副刊《詩與批評》索稿，我有些最早的詩和短文就是他親自要去登載在那個副刊上的。他很想把副刊辦好，要靠朋友支持。」「他還給我介紹有著共同愛好的朋友。他的意思是以文交友。他常到北海三座門，這是靳以編《文學季刊》和《水星》的所在。」「後來，因為工作的關係，葆華搬進城來，在大學夾道王洲公寓租住一套東房。這樣我們就成了鄰居，過從更密，朝夕相見。靳以歡迎葆華，葆華也愛去，是靳以雜誌社的座上常客。」〔註210〕

　　可以推知，在《水星》的編輯部裏，詩人的聚會當是美好而氣氛熱烈的。曹葆華因此和《水星》的編輯卞之琳，以及經常去協助卞之琳編輯刊物的何其芳、李廣田必然也是經常見面，共同探討詩歌藝術，成為生活上、文學道

〔註210〕方敬：《憶曹葆華同志》，《新文學史料》，1981 年第 3 期。

路上的好友和同路人。正因爲他們的交誼是以文學創作爲紐帶的，所以、這種情誼本身也就超越了一般意義上的朋友之情和同學之誼，成爲間接推動文學創作發展的一種活動。

　　如果說，五本詩集，兩本譯著，還有一份沉甸甸的《詩與批評》專刊，是曹葆華爲中國現代主義詩歌發展所做出的具體有形的貢獻的話，那麼，還有一種看不見形體但仍清晰可感的努力和貢獻，就是他以個人的生命力量影響了一批其他的詩人，或者說，是他們的互相影響，共同推進了中國新詩的現代化進程。

第七節　「人的問題」——林庚與《世界日報·明珠》

　　2005 年 2 月，九卷本《林庚詩文集》由清華大學出版社出版。這是林庚先生詩文最大規模的一次結集出版。作爲著名詩人、學者的林庚，自 1930 年代在清華大學讀書期間起，始有詩文發表，1933 年出版第一部詩集，1940 年代起又陸續出版了多種學術專著與文集。共計有詩集《夜》、《春野與窗》、《北平情歌》、《冬眠曲及其他》、《林庚詩選》五種，詩文集《問路集》、《空間的馳想》兩種，詩論集《新詩格律與語言的詩化》，古代文學研究專著《中國文學史》、《中國文學簡史》、《〈天問〉論箋》、《詩人屈原及其作品研究》、《唐詩綜論》、《詩人李白》、《〈西遊記〉漫話》等，還編著過《中國歷代詩歌選》、《林庚推薦唐詩》等。這些詩文著作，按其成集後的面貌，基本被收入了清華大學版《林庚詩文集》〔註211〕。此外，在第九卷《集外集》中，還輯錄了林庚先生自「1931 年至 2003 年散見於各種報刊上的詩文」共六十餘篇，分爲詩詞、文、訪談錄三個部分。

　　《林庚詩文集》雖無「全集」之名，但仍體現了編者「求全」的理念。2004 年末，詩文集編輯告竣之際，林庚先生還親自爲之題寫了書名，足見先生本人對此編輯工作的支持和滿意。但遺憾的是，1936 年 10 月至 12 月的《世界日報》《明珠》副刊上的多達 39 篇署名林庚的散文作品，不知何故未被輯入。由於這些文章從未被收入先生任何一種集子，所以編者未曾留意，這是很顯然的原因。但是，先生自己爲何也沒有想起這些文字呢？或許以他九五高齡，早已將這些昔日的足跡淡忘了；又或許因先生生性淡泊，對文集並無「求全」之意。但無論如何，這 39 篇精美的小文章，涵蓋了先生當時在文化、

〔註211〕《林庚詩文集》共收入詩文集 16 種。《新詩格律與語言的詩化》與《林庚詩選》因主要內容已見他書，未再被單獨收入。

文藝、時事政治等多方面的思想，是先生在 1930 年代思想的重要體現。更何況，林庚先生一生所寫，多為詩歌和學術論文，散文傳世並不多見，這令《明珠》上的 39 篇文章在史料價值之外，更具有學術研究的價值。

還需要補充一個重要的背景材料是：《世界日報》的《明珠》副刊自 1936 年 10 月 1 日起由周作人領銜編輯。在 9 月 30 日的《明珠》上，即以「報告一個好消息」為題做出了預告，稱「從明天起：《明珠》版改由周作人先生等主編」。原編輯在消息中說：「……從十月一日起的明珠，是由周作人先生的幾位朋友來主持。周先生一代宗師，道德文章，海內同欽，用不著我來介紹。我們只相信，未來的明珠，一定可大放光彩，這個消息，想必也是讀者所歡喜聽到的。」事實上，真正執行編輯工作的就是當時在北平大學女子文理學院和北平師範大學任教的林庚。周作人在《藥堂雜文·懷廢名》中記述：「那時是民國二十五年冬天，大家深感到新的啟蒙運動之必要，想再來辦一個小刊物，恰巧世界日報的副刊《明珠》要改編，便接受了來，由林庚編輯，平伯廢名和我幫助寫稿，雖然不知道讀者覺得何如，在寫的人則以為是頗有意義的事。但是報館感覺得不大經濟，於二十六年元旦又斷行改組，所以林庚主編的《明珠》只辦了三個月，共出了九十二號，……。」〔註212〕這就是說，《明珠》與周作人及其周邊的學生、友人密切相關，其主旨和內容都應該是與該群體發動一次「新的啟蒙運動」的立場相關。正是在這「頗有意義」的 92 期《明珠》中，作為執行編輯的林庚自己也寫作並發表了 39 篇文章。由於《明珠》版面的限制，所刊文章的篇幅均很短小，但內容大多豐富充實，涉及問題也頗廣泛，不僅體現著林庚對文學、文化、時局、政治等多方面的感悟，同時也反映出整個「明珠」作者群關於「新的的啟蒙運動」的認識與思想。

在 1936 年 10 月 27 日的《明珠》第 27 期的頭條位置，刊登了林庚的一篇短文《人的問題》。在這篇文章中，他起首便說：

> 我相信人辦事，而不相信事會辦人，一個團體不會因為他的會章定得好而不解散，一個皇帝也不會因為有了御史而不做壞事，一個政府因此也不會因為有了監察機官而不貪贓枉法，因為監察機關如用人不當，那更是一切作惡的來源。律師是保障民權的，而律師是最會敲竹槓的，雖然律師也有不敲竹槓的，所以說問題是在人了。

〔註212〕周作人：《懷廢名》，《周作人自編文集·藥堂雜文》第 123～124 頁，河北教育出版社 2002 年。

這段話說得平易直白，而道理卻是沉甸甸的。「相信人辦事，而不相信事會辦人」，這就是說，教條、理論、學說、制度等等，未必能夠解決實際的問題，最重要的關鍵是在「人」本身。而究竟怎樣解決實實在在的「人」的問題呢？林庚強調的是對人的「健全」理性的培養。這個意思，在他這篇文章的結尾處得到了明確的重申：「大約健全的人總是感情理性都發達的。因爲理智的發達，所以自然限制了許多易衝突的感情；而不衝突的感情乃無形中得到更多的發展；所以有道德誠然是一個健全民族的表現。衰弱的人則兩者均不發達；所以既無法以解決糾紛，所謂人性亦多半是因循的被動的欲念（如時髦貪財之類）；所以糾紛愈多，而愈不可收拾。這似乎已關係著一個民族的命運，這命運只看我們尙有無遠大的理性耳。」

從具體實在的「人」的問題，聯繫到「一個民族的命運」，這個思路明顯與「五四」時期的啓蒙理想相一致。結合周作人關於《明珠》是以發起一次「新的啓蒙運動」爲目的的說法，可以推想出來的是，周作人及其朋友們在1930 年代初「啓蒙」思潮淡化、民族危亡加劇、左翼思想興起的歷史環境之下，重提「啓蒙」，並冠之以「新」意，意在發起一次在新的歷史條件下的思想啓蒙運動，亦即在國難當頭之際和革命風起雲湧的浪潮之中，重新強調「五四」時期的人的啓蒙的思想，繼續未完成的「五四」事業。其中暗含的，當然也有對於左翼思想運動的不滿，是對幾年前「革命文學」否定「五四」的一種遙遠的曲折的回應。這次「新的啓蒙運動」，在新的歷史條件下，雖在思想內容上並無多少新意，但卻體現了這個知識群體較爲特殊的思想立場。周作人他們的這個意圖，作爲執行主編的林庚，不僅是深有體會，同時顯然也非常認同。可以說，「人的問題」幾乎貫穿了林庚《明珠》時期的 39 篇文章，成爲了這一組文章的焦點和中心思想。

十天以後，在 11 月 8 日第 39 期上的《連環之結》一文中，林庚又再次明確提出了「人的問題」。他說：

> 許多事情是連環的，所以事情的解決殊不如所想的那麼簡單。弱國無外交，那麼外交必要武力做後盾，而武力又必要國家的經濟作後盾；國家的經濟，對外須保護貿易，對內須關稅自主，這兩件事都得靠外交；而這兩件事的背後似又都得有相當武力。一個國家弄不好，自然是全國人民不行，如何把全國人民訓練得行這是教育問題，而教育要弄得好則又得國家弄得好，因爲他是行政機關的一部分。

這樣說來有人以為我太悲觀了，其實我並不悲觀，不過我也不樂觀就是了。樂觀與悲觀乃一事的兩面，凡把事情看得太簡單的，便容易樂觀，也容易悲觀；凡把事情專看在辦法上的，以為如此如此就好了，或如此如此還是不行的，也容易把事情看得太簡單。而我則是在連環中把人看為一個結，在問題中把人看為一個中心。最近的醫學界都主張醫學方法只能幫助一個人恢復健康；若一個人本身太弱，則極易治的病也可致死；若一個人本身甚強，則不治的病有時亦可闖過。那麼還是看人怎麼樣。人怎麼樣確是一件不容易改的事。此事不可放言高論，須從小處實際著手，能做到一分是一分，做到半分是半分；或者尚有可以解開連環之一日。若貪多務遠，則是吃大力丸的辦法，仍因不耐辛苦，便永遠是此等人，已便永無辦法了。

這仍然是從思想啓蒙談到政治經濟問題的邏輯，雖然話說得比較籠統，但中心意思很明白，就是「在連環中把人看為一個結，在問題中把人看為一個中心」。要解決中國的外交、政治、經濟、教育等等重大問題，都必須從「人」入手，「須從小處實際著手，能做到一分是一分，做到半分是半分；或者尚有可以解開連環之一日。」而所謂從「人的問題」入手，說具體一點，還是要落實到思想啓蒙上來，從精神上解決問題。這個話題，看上去不新鮮，但結合起 1930 年代的思想背景，又著實顯現出不同於「五四」時期的意義來。

以上兩篇文章的思想，貫穿了林庚《明珠》時期的散文。甚至可以說，他在這個時期的 39 篇文章，大部分可以在這個思想的基礎上統一起來。大概是因為《明珠》的篇幅所限，這些文章多是在文化批評和時事評論的層面上，涉及這個問題的某一個具體方面；同時由於日報的連續性，使得他往往又會不斷地寫出新的文章來加以強調、解釋和補充。因此，如果將《明珠》時期這短短的三個月看作時間上的一個相對完整的片段，打亂這 39 篇文章的時間順序（事實上這個時間上的差別也是非常細微的，同時可以想像，在日報編輯的周期和工作量中，林庚必然也處於一種相對完整和一致的精神狀態和寫作狀態），就可以看出，林庚發表在《明珠》上的這些文章，幾乎都是圍繞著一個「人的問題」做出的思考。

在「人的問題」上，林庚最看重的是理性的培養的問題。他在《記性》一文中說：

人有兩種，一種屬於理解的，一種屬於記性的。中國從前的教育是

記性的，所以私塾裡讀書要背，而講是不必的；疑自然更是大逆不
道了。論語說：「惟小人與女子爲難養也」，所以女子二千年來沒有
好過的日子。可是「不患人之不己知，患不知人也」，這也是論語中
的話，卻沒有見誰把它記住。因爲「知人」是須要理解的，與記性
教育恰恰成爲相反的東西；自然記住也是一句廢話而已。〔註213〕

用以對抗傳統的「記性教育」的，是「理解」和「疑」，亦即獨立的思考、懷
疑與批判的現代精神。在林庚看來，「記性的力量有如此的偉大。故對於維持
現狀記性乃又是古今惟一法門：皇帝只記得他是該做皇帝的，於是作威作福，
百姓只記得是應當征糧納稅的；於是成爲順民。皇帝永遠是皇帝，順民永遠
是順民。豈非天下永遠太平乎？這大約便是一套倫理社會之所形成。男子永
遠記得『夫爲妻綱』，女子永遠記得『三從四德』，天下還有什麼不好辦的事
嗎？無如人不一定都祇是有記性於是趾高氣揚的天朝也只好拆臺，所謂順民
者便只好做天下人之順民矣。凡只有記性則不但不會進步反而會退步；因爲
年深日久誰能一點不忘？愈忘愈多，剩下來的便很難說。」這個觀點，和「五
四」時期的「重新估量一切」的思想是完全一致的，與魯迅的「從來如此，
便對麼？」的尖銳質問也是相同的。可以說，要啓蒙，就是要打破這個「記
性」的傳統的因循，呼喚一種獨立的理性精神。

在《守財奴》一文中，林庚借諷刺「守財奴」的獨特角度，再次將批評
指向「記性」。他說：「本來記性是屬於被動的，它不是自己發命令而是遵守
著一個命令，故守財曰奴，因爲奴也是被動的。人之要錢總無非是食色兩欲
所迫，這推動的力量使得人不得不弄錢，不得不貪財愛財，不得不視財如命。
盡是『不得不』，這推演遂有不知伊於胡底的危險，江河日下，所記住的當然
是愈來愈近下流了。能主動的是人的理解，是自己的行的主人，他可以支配
一切；所以弄錢有意義時自不妨弄錢，到無意義時便能自己打住；這種自己
領有著行動上的自由，方是一個健康的表現。」〔註214〕話說的是「守財奴」
的病態，但推究其實仍是在談人的自主理性的問題。

與之相似的，還有《迷信》一篇：

許多人迷信，我起初不甚明白這道理，以爲他們是眞在相信。眞在相
信並不見得一定就對，如許多人相信腐草爲螢，磷是鬼火之類。迷信

〔註213〕林庚：《記性》，《世界日報‧明珠》第 13 期，1936 年 10 月 13 日。
〔註214〕林庚：《守財奴》，《世界日報‧明珠》第 14 期，1936 年 10 月 14 日。

的事如報應循環，如雷公會打死逆子；雖然彷彿也在相信，但其中總帶有一個重要的成分，那便是懶與容易。我看見一位老太婆初一十五吃齋念佛，而初二便吃大螃蟹。我想人雖然善忘，何能如此變得快；事隔一日便由連油都不沾變為生吞活剝起來。然而她初一十五必吃素，彷彿真在相信吃素有好處；有幾個廟必去燒香送課子，還要念經拜佛；後來我才明白這一套把戲原來都是那麼一回事。報應循環自然省了人許多事；逆子有雷來打，還不是「老天有眼」完全拜託了嗎。吃齋念佛也因為容易，一來不用腦經（所以轉臉便會忘掉），二可以交代了自己；天下懶人都贊成這個辦法，固不止愚夫愚婦而已。曾見許多人頑固的信仰一個學說，死也不肯放手；何以故？放手之後便又得另找別的，多麼費事。此人既如此省心，自然對於他所信仰的學說必不肯日夜思索，所以他也永沒有懷疑；所以所信仰的最好是信條，且最好只三兩條，自然如能祇是一條便更好也；因為那便最容易了。我一向對於迷信的定義頗覺不好下；因為你說他信他不曾想過，你說他不信他不曾懷疑過；現在我想迷信是一種極容易的安心辦法。人而無學說，覺著不好！人而不能有救世之道，也覺著不好！此可以使心中不安；於是信仰一個唯一信條，（不論是「先王之道」抑或「天國近了」，）或會念一聲「阿彌陀佛」，各隨心願。反正既可普救世人，又覺那麼容易，豈非天地間最便宜之事耶？〔註215〕

所謂「迷信」，就是「永沒有懷疑」，因此這是「天地間最便宜之事」，是懶人都贊成的辦法。在這裡，他話裡藏鋒地批評了那些「對於他所信仰的學說「不肯日夜思索」，永無懷疑，且「死也不肯放手」的人。這些人究竟指誰並不明確，但在我看來，恐怕多少也要包括那些盲目的激進主義者，否則，他也不會在《烈士》一文中說：「全國之人頭腦不甚健全，胸中半塞半通，縱然拿出去像個烈士，亦還需教養多年」。〔註216〕

如果說，對於「記性」──亦即因襲──的批判是與「五四」相一致的，那麼，對於「反應」和「刺激」等的批評，就帶有 1930 年代思想背景的特徵了。

就在《守財奴》發表後的第二天，10 月 15 日，又緊接著發表了《反應》一文。在這篇短文中，林庚談到：

〔註215〕林庚：《迷信》，《世界日報‧明珠》第 19 期，1936 年 10 月 19 日。
〔註216〕林庚：《烈士》，《世界日報‧明珠》第 3 期，1936 年 10 月 3 日。

　　許多人覺著我在堅決反對記性，其實那仍是相對的話。因為無論怎
麼說記性究竟是動物才有的，而反應則植物便已有之，如含羞草，
便是很普通的例子。

　　古人讀書有懸梁刺股的法子，我對此最為反對；因為人最好能夠理
解書中的意思；其次則能記住書中的話，雖然注入的方式，無非人
云亦云，究竟還不至弄到不知所云。若夫懸梁刺股，則已經連記都
記不住了，確硬生生要刺他一下，使他念下兩行去，此兩行在他腦
子中起何作用，我真不敢設想，然則無非因一點的外力使他作一陣
白紙黑字的反應蟲，使蓋反應一類耳。

　　記性的可厭處在他不是主動，然而究竟還是接受了之後變為自己心
中的東西。至於刺激則似藉重於物理的作用，而又祇是一時的反應；
這種現象恐已在生物與無生物之間，而是純粹屬於被動的了。

　　近年有所謂國貨年，婦女年，兒童年等。我對此感想很不好。我想
一個人應當能懂得什麼是國貨，什麼是婦女，什麼是兒童，其次也
應當記住了要買國貨，要尊敬女子的人格，要愛護教育兒童。若必
待滿街皆貼上了刺眼的大字，然後才買一天國貨，尊敬兩天婦女，
教育三天兒童，而刺眼的大字不久已成習慣，什麼年不久也就完了
這年。於是外國貨依然暢銷，婦女依然玩弄，兒童依然失學，此種
年月，有何價值？至於一天的什麼紀念。早上慷慨激昂的開會，下
午滿街上貼了宣言；而反應已終。彷彿大有等到明年再說之意。與
此我乃又不能不自食其言，而禮贊靜默的記性了。

這篇文章不僅相當巧妙地接續並深化了關於「記性教育」的話題，而且進一
步表現了林庚思想的重心不僅在反對「記性」，更在於反對「刺激」。正如他
所說，刺激是比記性更壞的一種東西，它甚至不僅是把人當作「動物」來驅
使，更是把人當作「植物」來蔑視和踐踏。從文中所舉的例子可以看出，林
庚反感的是那種空洞的政治「宣傳」。其獨特思考在於，他看到的不是宣傳中
熱鬧刺激的短期效應，而是宣傳背後的更深遠的消極影響。當短時間的刺激
過後，如果沒有理智上的接受，宣傳的效果是非常空洞的，價值更是非常有
限。林庚的意思無疑是說：真正有效的，不是外來的刺激和宣傳，而是引發
精神內部改變的啟蒙。

緊接著，他又在《喚醒》和《刺激》兩篇文章裡重申了這樣的觀點：

刺激如果超過了他應付的能力，刺激便祇是一種傷害。所以喚醒時應當負相當責任的。一個人作事固然應當有好心，但只有好心則如老媽子之給小孩東西吃不見得就是好事。負責任的意思是說或者你相信他自己可有辦法，或者你相信你自己可有辦法；如兩無辦法，喚醒之後相對亂嚷一陣，有何用處。不過先解決問題如何才算喚醒也還要斟酌。喚醒的結果最少須使他明白明白當前的情形，雖然不見得就有辦法，究竟不失為喚醒。如果喚醒之後他並不明白，你也說不明白，那醒了與夢中無異，算不得喚醒。我們常常說喚醒民眾，民眾都說願意當敢死隊，那時我們有無辦法也須事先決定。做大事固然不能怕犧牲，但如果使這般勇敢的人們都犧牲在無辦法的嘗試裡，是誰之過歟？至於民眾究竟是不是真喚醒了，亦須看他是不是真能明白目前複雜的一切情形。不然不是依然故我，便是皇皇張張，再不然則正碰著他無知的弱點上，糊裡糊塗的便都欣然願往，那乃近於「拍花」「騙子」非喚醒也。〔註217〕

刺激與喚醒的意思不同，喚醒是以為那人喚醒之後他能「自力更生」，假如此人真能如此，則國恥的本身當比空空的四個字喚醒得更有力量；而能自力更生的人，必不會半途又忽然把國恥忘了。若是這人非刺激不起反應，非等你喊他想不起來，則已失去自力更生的能力，這種人喚醒了亦無用也。除非你刺激完了他馬上就叫他去衝鋒，成者可為一時之用；但彷彿寫此四個大字的人，你若問他，他也連辦法還未曾想，自然離去衝鋒的時期更嫌遼遠了。不過一年一日照例來這麼一下而已。何以要來這麼一下，也許就是因為那日子到了時月份牌上的刺激投了過來，則同是反應耳；舉國皆是一時之反應，而無辦法，無久計。夫反應者雖植物如含羞草亦能之，舉國皆如含羞草，於國恥何所補焉。〔註218〕

在林庚看來，「刺激」不是啟蒙，而只能引起民眾的非生物性的反應而已，看似熱熱鬧鬧，實際毫無意義。一些自以為以刺激和宣傳的方式「喚醒」民眾的人，卻不能讓人醒了以後「自力更生」，所以「喚醒了亦無用也」。那種一

〔註217〕林庚：《喚醒》，《世界日報・明珠》第17期，1936年10月17日。
〔註218〕林庚：《刺激》，《世界日報・明珠》第45期，1936年11月14日。

時之反應與一時之用，對於民族和國家而言，是「無辦法，無久計」的，於
國恥更無所補。

　　由這些文章中，可以看出林庚及其所代表的「京派」文人的思想和心態。
他們上承「五四」啓蒙思想運動血脈，在 1930 年代新的社會、政治、文化環境
中，於多元思想的交鋒中，再次高張個人主義的啓蒙思想。這一次，帶有對於
其它思潮的呼應與抗衡的意味。說得簡單一點，他們是「五四」啓蒙主義知識
群體中的一個部分，當「五四」落潮後思想界發生劇烈分化之際，他們一方面
承襲了「五四」新文化的進步因素，另一方面，又對於激進的革命思潮有所保
留，不贊成簡單粗暴的方式，也不信任短效一時的價值。因此，相對而言，他
們漸漸成爲了一個既具反傳統又帶有保守性質的知識份子群體。與「五四」時
期的保守力量相比，他們是激進的；與 30 年代出現的新的革命思潮相比，他們
又具有保守的特色。對此，他們應該是有較爲清楚的自我認識的，甚至於，他
們對自己的思想立場不無驕傲之心。正如林庚在《驕傲》一文中很自信地講到
的：「對自己有自信的人則不在乎，他追求的祇是眞理，他自信的祇是理性，故
那怕自己已半生如此，一旦覺得不對，便能棄之如遺，因爲他自信自己仍可在
新的方面完成自己，故對於自己的力量的自信方是眞驕傲也。自信其實就是不
迷信，不迷信不但要不迷於他人，且亦要不迷信於自己，使自己成爲客觀的等
身，所謂然善也，能得絕對的自由，方是眞正的驕傲。」〔註 219〕

　　弄清了這個思想脈絡，就很容易理解林庚在《明珠》上寫作這些散文小品
的意圖，以及這些文章之間的聯繫了。比如，在《注意現實》中他說：「對於現
實問題不可看得太簡單容易；以爲大喊一聲，拍拍肩膀便可以把人喚醒了。須
知喚醒之前要有準備，喚醒之後要有辦法；不然一個勁注意，一個勁喚醒，全
國之人，十日不睡，十日之後，必大睡矣。」〔註 220〕在《宣傳》裡他說：「假
如人類根本都有主張恐怕亦就用不著宣傳。……宣傳說穿了其實是哄孩子的把
戲；哄孩子不一定便是『拍花』一類壞事情，哄他睡覺，哄他聽話，哄他讀書，
亦都是哄；但必定是個孩子然後才用哄，似乎又無疑問耳。孩子與大人不同處，
在孩子事理看不清，因此沒有主張與判斷；雖然他實在是愛吃糖，但你可以告
訴他糖是苦的；至於他是否肯信，那便看你的巧妙如何耳。北伐成功以來，宣
傳已成了普遍的工作，然而我也看見許多人卻仍舉著已經破了的紙老虎在那裡

〔註 219〕林庚：《驕傲》，《世界日報・明珠》第 64 期，1936 年 12 月 3 日。
〔註 220〕林庚：《注意現實》，《世界日報・明珠》第 22 期，1936 年 10 月 22 日。

硬說是老虎；此種宣傳似祇是敷衍了事，本算不得宣傳。說到宣傳，我們應不忘掉『民可使內之』這句話。民者大眾也，那便是說大眾是被動的；假如大眾是主動的，則你宣傳他也如此，你不宣傳他也如此，反正他有他的主意，宣傳自然成為多餘的事了。大眾有沒有意識頗難一言斷定；卻是假如你以為可以向他們宣傳的話，那麼一定是以為他們還沒有意識；假如有意識，則你與他不相合，是遭他拒絕；你與他相合，是不必說也。明知他願意如何而還要在他耳邊宣傳如何；是拍馬屁也，那裡是什麼宣傳。」〔註221〕

此外，在《宣言》、《宣傳》、《「光明在前面」》、《刺激的功用》、《強健》、《堅強與麻木》、《眼鏡》、《問路》等諸多篇章中，他都從不同的角度和側面涉及了這個問題。限於篇幅，這裡不再一一例舉。可以說，林庚在《明珠》上的39篇文章，看似涉筆隨意、天馬行空，但實際上竟是草蛇灰線、縝密清晰。當然，其中難免有些距離較遠的隨感，也難免水準參差的急就章，這裡並不想強行將所有39篇文章都編織於此。但很明顯的是，其中的大部分篇目都是圍繞著「人的問題」展開的。可以說，「人的問題」不僅是林庚這一組文章的思想線索，也是《明珠》副刊中的文化類隨筆的整體線索之一。

當然，做為詩人的林庚，在關注政治、文化的同時，也時時談到文藝。這在《明珠》系列文章中也有較為明顯的體現。一致的地方是，他在這裡所談及的文學的問題，也幾乎都與「人的問題」相關。比如他在《問路》中說的：「我以為文章在各方面都無用處，但可以使人瞭解自己。就是說眞得死去，也要死得明白。自然能不死是更好了在下者之所以那樣容易染上白麵紅丸等等毒癮，都和文藝教育不普及有關。新生活也罷，讀經也罷，怎樣能夠多培養我們一點人的感情和生的純化的，我們覺得根本問題還要在文藝上著想。」〔註222〕

既然在「要在文藝上著想」，自然就引出了作者文藝觀念的表達。與當時比較時髦的「革命文學」、「救國藝術」、「大眾文學」等立場不同的是，林庚代表著「京派」文人的「純文學」立場。在《藝術救國論》中他很獨特地談到，「純藝術」才能救國。因為：

> 我以為救國藝術必不能救國；因為它本身就是靠救國方才存在，然而
> 救國若不靠它則算不得救國藝術；救國若也要靠它，而它又靠救國，
> 彼此靠來靠去，則非再靠第三者出來（所以中國歷來非聯蘇聯日即聯

〔註221〕林庚：《宣傳》，《世界日報・明珠》第41期，1936年11月10日。
〔註222〕林庚：《問路》，《世界日報・明珠》第10期，1936年10月10日。

英美）將靠到何時爲止耶？鄙意二者之間必有一個是自己占得住的；
然後另一個方可靠它；比方藝術本身是占得住的（此即純藝術之價值
也），則救國或者可以靠它（鄙意亦不以爲全可以靠它，）或者救國
別有根基，如蘇聯之有列寧及十萬紅軍，義大利之有莫索裡尼及黑衫
軍，則革命文學，民族文學便也都可靠了它們存在。純藝術也能救國，
不信嗎？反正藝術若能救國，則藝術必先要不靠救國，若一意靠它，
則不但救不了它，反把它靠躺了也。今日之言救國者寫標語做文章，
今日之爲藝術者曰救國曰國防，請問以什麼救以什麼防？不佞也信藝
術與國家興亡有關，蓋因藝術乃一民族健康的表現。一個健康的民族
必會唱歌（有人以爲他們一定在唱軍歌或革命歌，其實不然，）會遊
戲（他們會到雪山中去旅行，會到南極去探險，與只會躲在屋裡竹戰
者不同，）會有美好的建築，會有藝術的創作。若這些都沒有，而只
有救國藝術，則文字之國真可以雄霸於東亞矣，豈不樂哉。〔註223〕

相同的思想在《消遣文學》中也出現過：

我最怕又有人提出任何說教的辦法來，並且我因此甚至不敢提出任
何消遣有益方面的話。（雖然消遣確是一種文化，而大自然也常就是
我們的老師。）因爲這年頭話太容易被聽錯，而差之毫釐則謬之千
里了。我現在只說如果有一種高尚的消遣，則起碼可使許多人不至
無聊到麻將煙館裡去。文學這件事究竟有多麼高我且不談，而消遣
文學，我想起碼應當如公園般有新鮮的空氣，有活潑的情致，而是
無任何的刺激與誘惑的。在這裡是自由無限制而不下流；活潑有生
趣而不粗野；使人願意去而無所貪圖，這話說起來似甚容易，其實
我們今日說不出有那部作品夠得上此諸條件，所有的不是刺激得青
年人都成了神經質，便是因特殊的興奮之下而變得頹廢；這些也都
需要到空氣好的地方去靜養一些日子，才能恢復健全的。我自己亦
覺得寫不出這樣作品來，但深感到這是很好的一件東西。〔註224〕

從這些論點當中，當然都看得出對文壇主流思想的論辯。這一姿態，在《小
品文》一文中被更加明確地指了出來：

沒有正統文章時，思想是自由的文章是自由的，所以反無所謂小品。

〔註223〕林庚：《藝術救國論》，《世界日報・明珠》第 65 期，1936 年 12 月 4 日。
〔註224〕林庚：《消遣文學》，《世界日報・明珠》第 5 期，1936 年 10 月 5 日。

有了正統之後，有人不甘出賣思想文章上的自由，而影只形單又不足以消滅此已腐的空氣，於是發而爲文，此小品文也。小品文在作者也許不覺得，在讀者卻必覺得小，因爲正統之外自然不容你大也。至於作者因感於時事之不可違，多說無益，寫寫文章亦無非是萬一遇到個素心人呢，如此心境，文章自不免清疲蕭瑟，清疲自然不能與肥頭大耳比，此所以仍不得不小；此所以我雖不見得爲它加上小品二字，卻也不見得非爲它取下來不可也。

八家以前，文章並無正統，八家以後合文章之正統與思想之正統而變爲「道統」，此所以明清以來乃有許多好的小品文，亦時勢使然耳。近數年來小品文又在盛行，可見文壇與思想界又都有了正統，而且一定是又都「腐」了，故新文學運動終於變成「遵命文學」，而讀經聲浪又見復活，此均大品文也。能懂得大品文乃能懂得小品文。至於有並大品文全不放在心上者，專心自由寫作，此則趁時代之作家也，便無清疲蕭瑟氣。時代若可挽回當亦在此，不過難得尤在眞正之驕傲耳。〔註225〕

應該說，這些文藝觀點與他的啓蒙思想一樣，並無太大的獨特性和創新性。但重要的是，這些話不是在「五四」時期說出來的，而是在整個文化、思想環境已經發生了變化的 1930 年代說出來的。只有放在這個歷史時期，才可看出其特殊的意義。正如前文已經談到過的，這個有著相近認識的文人群體，在一個革命的時代，「不合時宜」地重提啓蒙的舊話，這裡面包含了對於啓蒙之未完成的判斷，同時更表達了一種認爲革命不如啓蒙，甚至妨礙了啓蒙的認識。這種認識，使得他們在 1930 年代顯得保守和落後，但放置在更大的視野中，還是應該承認，他們對於「五四」傳統的堅守和繼續，是具有相當的進步意義的。正是這種在進步與落後、激進與保守之間的複雜形態，使得他們的思想在後世並未得到認眞的理解和公正的評價。現在，發掘出林庚編輯的《明珠》和他發表在上面的佚文，或許能夠爲我們提供一個契機，來重新認識和理解他們，並在一定程度上修改和補充以往對於「京派」思想的評價。

〔註225〕林庚：《小品文》，《世界日報‧明珠》第五十期，1936 年 11 月 19 日。

重要人名和術語索引

主要參考文獻

【作品】

1. 卞之琳著，三秋草，上海：新月書店，1933。

2. 卞之琳著，魚目集，上海：文化生活出版社，1936。

3. 卞之琳，李廣田，何其芳著，漢園集，上海：商務印書館，1936。

4. 卞之琳著，雕蟲紀歷，北京：人民文學出版社，1979。

5. 張曼儀編，卞之琳──〈中國現代作家選集〉叢書，北京，香港：人民
   文學出版社，三聯書店香港分店，1995。

6. 卞之琳著，卞之琳文集，合肥：安徽教育出版社，2002。

7. 曹葆華著，寄詩魂，北平：北平震東印書館，1930。

8. 曹葆華著，落日頌，上海：新月書店，1932。

9. 曹葆華著，靈焰，上海：新月書店，1932。

10. 曹葆華著，無題草，上海：文化生活出版社，1937。

11. 林庚著，夜，上海：開明書店，1933。

12. 林庚著，春野與窗，上海：開明書店，1934。

13. 林庚著，北平情歌，北平：風雨詩社，1936。

14. 林庚著，冬眠曲及其他，北平：風雨詩社，1936。

15. 林庚著，問路集，北京：北京大學出版社，1984。

16. 林庚著，林庚詩選，北京：人民文學出版社，1985。

17. 辛笛，辛谷著，珠貝集，上海：光明書局，1936。

18. 辛笛著，手掌集，杭州：浙江文藝出版社，1996。

19. 辛笛著，辛笛詩稿，人民文學出版社，1983。

20. 何其芳著，刻意集，上海：文化生活出版社，1938。

21. 何其芳著，何其芳文集，北京：人民文學出版社，1982。

22. 何其芳著，何其芳全集，石家莊：河北人民出版社，2000。

23. 李岫編，李廣田──〈中國現代作家選集〉叢書，北京，香港 Xiang gang：人民文學出版社，三聯書店香港分店，1984。

24. 方敬著，方敬選集，成都：四川文藝出版社，1991。

25. 陳鍾英，陳宇編，林徽因──〈中國現代作家選集〉叢書，北京，香港 Xiang gang：人民文學出版社，三聯書店香港分店，1992。

26. 馮文炳著，選集，北京：人民文學出版社，1985。

27. 止菴編，廢名文集，北京：東方出版社，2000。

28. 上海大學文學院中文系新文學研究室編，〈現代〉詩綜，南昌：江西人民出版社，1988。

29. 藍棣之編，現代派詩選，北京：人民文學出版社，1986。

30. 溫儒敏、李憲瑜編，北大風──北京大學學生刊物百年作品選，北京：北京大學出版社，1998。

31. 〔英〕艾略特著，趙蘿蕤譯，荒原，上海：上海新詩社，1937。

32. 〔法〕瓦雷里著，葛雷、梁棟譯，瓦雷里詩歌全集，北京：中國文學出版社，1996。

33. 〔法〕波德萊爾著，胡小躍編，波德萊爾詩全集，杭州：浙江文藝出版社，1996。

【論著】（按音序排列）

A

1. 〔英〕艾略特著，李賦寧譯注，艾略特文學論文集，南昌：百花洲文藝出版社，1994。

B

1. 陳平原、夏曉虹編，北大舊事，北京：三聯書店，1998。

2. 姜緯堂等著，北京城市生活史，北京：開明出版社，1997。

3. 陳文良主編，北京傳統文化便覽，北京：北京燕山出版社，1992。

4. 蕭超然編著，北京大學校史：1898～1949，北京：北京大學出版社，1988。

5. 馬越編著，北京大學中文系簡史，北京：北京大學出版社，1998。

6. 何力著，北京的教育與科舉，北京：北京出版社，2000。

7. 吳惠齡主編，北京高等教育史料（近現代部分），北京：北京師範學院出版社，1992。

8. 姜德明編，北京乎（上、下），北京：三聯書店，1992。

9. 中國人民政治協商會議，北京市委員會文史資料研究委員會編，北京往事談，北京：北京出版社，1988。

10. 丁守和，勞允興主編，北京文化綜覽，北京：北京師範學院出版社，1990。

11. 北京市政協文史資料委員會選編，北京文史資料精華，北京：北京出版社，2000。

12. 魯迅等著，北人與南人（上、下），北京：中國人事出版社，1997。

13. 陳丙瑩著，卞之琳評傳，重慶：重慶出版社，1998。

14. 江弱水著，卞之琳詩藝研究，合肥：安徽教育出版社，2000。

15. 袁可嘉、杜運燮、巫寧坤主編，卞之琳與詩藝術，石家莊：河北教育出版社，1990。

16. 張曼儀著，卞之琳著譯研究，香港：香港大學中文系，1989。

17. 〔法〕波德萊爾著，郭宏安譯，波德萊爾美學論文選，北京：人民文學出版社，1987。

C

1. 嚴羽著，郭紹虞校釋，滄浪詩話校釋，北京：人民文學出版社，1983。

2. 楊東平著，城市季風——北京和上海的文化精神，北京：東方出版社，1994。

3. 〔美〕R.E.帕克，E.N.伯吉斯，R.D.麥肯齊著，宋俊嶺等譯，城市社會學，北京：華夏出版社，1987。

4. 凌宇著，從邊城走向世界——對作為文學家的沈從文的研究，北京：三聯書店，1985。

D

1. 李書磊著，都市的遷徙，長春：時代文藝出版社，1993。

E

1. 黃延復著，二三十年代清華校園文化，南寧：廣西師範大學出版社，2000。

2. 龔翰熊著，20世紀西方文學思潮，石家莊：河北人民出版社，1999。

3. 〔荷〕佛克馬，易布思著，林書武等譯，二十世紀文學理論，北京：三聯書店，1988。

4. 陳旭光著，中西詩學的會通——20世紀中國現代主義詩學研究，北京：北京大學出版社，2002。

5. 唐正序，陳厚誠著，20世紀中國文學與西方現代主義思潮，成都：四川人民出版社，1992。

F

1. 〔法〕本雅明著，張旭東、魏文生譯，發達資本主義時代的抒情詩人，北京：三聯書店，1989。

2. 錢林森著，法國作家與中國，福州：福建教育出版社，1995。

3. 蕭乾口述，傅光明採訪整理，風雨平生——蕭乾口述自傳，北京：北京大學出版社，1999。

4. 〔美〕金介甫著，符家欽譯，鳳凰之子——沈從文傳，北京：中國友誼出版公司，2000。

G

1. 〔美〕劉易斯·查爾斯，阿靈頓著，趙曉陽譯，古都舊景——65 年前外國人眼中的老北京，北京：經濟科學出版社，1999。

H

1. 周忠厚著，啼血畫夢傲骨詩魂——何其芳創作研究，北京：文化藝術出版社，1992。

2. 嚴在勤著，何其芳評傳，成都：四川人民出版社，1980。

3. 易善明，陸文璧，潘顯一編，何其芳研究專集，成都：四川文藝出版社，1986。

4. 胡適著，胡適文集，北京：人民文學出版社，1998。

5. 趙崇祚輯，李一泯校，花間集校，北京：人民文學出版社，1958。

J

1. 袁熹著，近代北京的市民生活，北京：北京出版社，2000。

2. 高恒文著，京派文人：學院派的風采，上海：上海教育出版社，2000。

3. 許道明著，京派文學的世界，上海：復旦大學出版社，1994。

4. 劉西渭著，咀華集，上海：文化生活出版社，1936。

K

1. 〔英〕瑞恰慈著，曹葆華譯，科學與詩，上海：商務印書館，1937。

L

1. 李廣田著，李廣田文學評論選，昆明：雲南人民出版社，1983。

2. 李岫編，李廣田研究資料，銀川：寧夏人民出版社，1985。

3. 郭宏安編，李健吾批評文集，珠海：珠海出版社，1998。

4. 李健吾著，李健吾文學評論選，銀川：寧夏人民出版社，1983。

5. 韓石山著，李健吾傳，太原：北嶽文藝出版社，1996。

6. 王蒙，劉學鍇主編，李商隱研究論集，南寧：廣西師範大學出版社，1998。

7. 李振聲編，梁宗岱批評文集，珠海：珠海出版社，1998。

8. 袁可嘉著，論新詩現代化，北京：三聯書店，1988。

M

1. 〔英〕威廉·燕卜蓀著，周邦憲等譯，朦朧的七種類型，北京：中國美術學院出版社，1996。

2. 郭濟訪著，夢的眞實與美——廢名，石家莊：花山文藝出版社，1992。

O

1. 袁可嘉著，歐美現代派文學概論，上海：上海文藝出版社，1993。

Q

1. 樂梅健著，前工業文明與中國文學，南寧：廣西教育出版社，2000。

2. 張玲霞著，清華校園文學論稿（1911～1949），北京：清華大學出版社，2002。

R

1. 卞之琳著，人與詩：憶舊說新，北京：三聯書店，1984。

S

1. 〔美〕金介甫著，虞建華，邵華強譯，沈從文筆下的中國社會與文化，上海：華東師範大學社，1994。

2. 黃獻文著，沈從文創作新論，武漢：華中理工大學出版社，1996。

3. 劉洪濤編，沈從文批評文集，珠海：珠海出版社，1998。

4. 沈從文著，沈從文文集，廣州，香港 Xiang gang：花城出版社，三聯書店香港分店，1984。

5. 凌宇著，沈從文傳，北京：北京十月文藝出版社，1988。

6. 李廣田著，詩的藝術，上海：開明書店，1946。

7. 鄭敏著，詩歌與哲學是近鄰——結構—解構詩論，北京：北京大學出版社，1999。

8. 俞陛雲著，詩境淺說，上海：開明書店，1947。

9. 朱光潛著，詩論，北京：三聯書店，1984。

10. 梁宗岱著，詩與眞·詩與眞二集，北京：外國文學出版社，1984。

T

1. 馮文炳著，談新詩，北京：人民文學出版社，1984。

2. 張同道著，探險的風旗——論 20 世紀中國現代主義詩潮，合肥：安徽教

育出版社，1998。

3. 阮忠著，唐宋詩風流別史，武漢：武漢出版社，1997。

4. 查屏球著，唐學與唐詩——中晚唐詩風的一種文化考察，北京：商務印書館，2000。

W

1. 廖星橋著，外國現代派文學導論，北京：北京出版社，1988。

2. 淡江大學中文系主編，晚唐的社會與文化，臺灣：臺灣學生書局，1990。

3. 任海天著，晚唐詩風，哈爾濱：黑龍江教育出版社，1998。

4. 傅道彬著，晚唐鐘聲——中國文化的精神原型，北京：東方出版社，1996。

5. 鄧雲鄉著，文化古城舊事，北京：中華書局，1995。

6. 金絲燕著，文學接受與文化過濾——中國對法國象徵主義詩歌的接受，北京：中國人民大學出版社，1994。

7. 〔法〕羅貝爾・埃斯卡皮著，於沛選編，文學社會學，杭州：浙江人民出版社，1987。

8. 趙蘿蕤著，我的讀書生涯，北京：北京大學出版社，1996。

9. 荒蕪編，我所認識的沈從文，長沙：嶽麓書社，1986。

X

1. 楊匡漢，劉福春編，西方現代詩論，廣州：花城出版社，1988。

2. 高奮著，西方現代主義文學的源與流，寧波：寧波出版社，2000。

3. 曾慶元著，西方現代主義文藝思潮述評，武漢：武漢大學出版社，1993。

4. 袁可嘉著，現代派論・英美詩論，北京：中國社會科學出版社，1985。

5. 吳忠誠著，現代派詩歌精神與方法，北京：東方出版社，1999。

6. 周敬，魯陽著，現代派文學在中國，瀋陽：遼寧大學出版社，1986。

7. 藍棣之著，現代詩的情感與形式，北京：華夏出版社，1994。

8. 曹葆華譯，現代詩論，上海：商務印書館，1937。

9. 〔美〕弗萊德里克・R・卡爾，傅景川，陳永國譯，現代與現代主義，吉林：吉林教育出版社，1995。

10. 〔英〕馬爾科姆・布雷德伯里等著，胡家巒等譯，現代主義，上海：上海外語教育出版社，1992。

11. 〔英〕查爾斯・查德威克著，郭洋生譯，象徵主義，石家莊：花山文藝出版社，1989。

12. 〔法〕約瑟・皮埃爾著，狄玉明，江振宵譯，象徵主義藝術，北京：人民美術出版社，1988。

13. 黃晉凱，張秉眞，楊恒達主編，象徵主義‧意象派，北京：中國人民大學出版社，1989。

14. 吳曉東著，象徵主義與中國現代文學，合肥：安徽教育出版社，2001。

15. 尹康莊著，象徵主義與中國現代文學，廣州：暨南大學出版社，1998。

16. 趙毅衡編選，「新批評」文集，北京：中國社會科學出版社，1988。

17. 林庚著，新詩格律與語言的詩化，北京：經濟日報出版社，2000。

18. 駱寒超著，新詩主潮論，上海：上海文藝出版社，1999。

19. 唐湜著，新意度集，北京：三聯書店，1989。

20. 葉公超著，新月懷舊──葉公超文藝雜談，上海：學林出版社，1997。

Y

1. 王彬，崔國政輯，燕京風土錄，北京：光明日報出版社，2000。

2. 陳子善編，葉公超批評文集，珠海：珠海出版社，1998。

Z

1. 藍棣之著，正統的與異端的，杭州：浙江文藝出版社，1988。

2. 〔美〕施堅雅主編，葉光庭等譯，中華帝國晚期的城市，北京：中華書局，2000。

3. 熊明安編著，中國高等教育史，重慶：重慶出版社，1983。

4. 駱寒超著，中國現代詩歌論，南京：江蘇人民出版社，1984。

5. 張德厚，張福貴，章亞昕著，中國現代詩歌史論，長春：吉林教育出版社，1995。

6. 孫玉石著，中國現代詩歌藝術，北京：人民文學出版社，1992。

7. 羅振亞著，中國現代主義詩歌流派史，哈爾濱：北方文藝出版社，1993。

8. 孫玉石著，中國現代主義詩潮史論，北京：北京大學出版社，1999。

9. 王澤龍著，中國現代主義詩潮史論，武漢：華中師範大學出版社，1995。

10. 呂周聚著，中國現代主義詩學，北京：人民文學出版社，2001。

11. 楊匡漢，劉福春編，中國現代詩論，廣州：花城出版社，1986。

12. 李怡著，中國現代新詩與古典詩歌傳統，重慶：西南師範大學出版社，1994。

13. 陳紹偉編，中國新詩集序跋選（1918～1949），長沙：湖南文藝出版社，1986。

14. 朱光潛著，朱光潛全集，合肥：安徽教育出版社，1987。

15. 朱自清著，朱喬森編，朱自清全集，南京：江蘇教育出版社，1997。

16. 姜建，吳為公編，朱自清年譜，合肥：安徽教育出版社，1996。

17. 史明正著，走向近代化的北京城——城市建設與社會變革，北京：北京大學出版社，1995。

【報刊】（按音序排列）

1. 北大周刊，圖書館副刊，1934，2（1）～1937，8（183）。

2. 北平晨報，北晨學園，詩與批評專欄，曹葆華主編，1933，10（1）～1936，3（74）。

3. 大公報，文藝副刊，沈從文主編，1933，9（1）～1935，8（166）。

4. 大公報，文藝，蕭乾主編，1935，9（1）～1937，7（361）。

5. 華北日報・每周文藝，1933，12（1）～1934，3（15）。

6. 華北日報・文藝周刊，李健吾主編，1934，4月2日第1～1934，5月28日第9期。

7. 牧野旬刊，李廣田、鄧廣銘主編，1933，1（1）～1933，4（12）。

8. 清華中國文學會月刊，赫崇學，安文倬，朱佩弦，浦江清，李文瀜編輯，1931，4，1（1）～1932，3，2（4）。

9. 清華周刊，1930，33～1937，43。

10. 世界日報，副刊，明珠，周作人主編，1936，10（1）～1936，12（92）。

11. 水星，巴金，卞之琳主編，1934，10，1（1）～1935，6，2（3）。

12. 天津益世報・文學，李長之主編，1935，3（1）～1935，10（35）。

13. 文學導報，張露薇主編，1936，3（1）～1936，10（5）。

14. 文學季刊，靳以等編輯，1934，1，1（1）～1935，12，2（4）。

15. 文學評論，李長之、楊丙晨主編，1934，8（1）～1934，10，1（2）。

16. 文學雜誌，朱光潛主編，1937，5（1）～1937，8（4）。

17. 小雅，吳奔星、李章伯主編，1936，6（1）～1936，12（4）。

18. 學文，葉公超主編，1934，5（1）～1934，8（4）。

後　記

對 1930 年代北平的文學史、文化史感興趣，是從 1998 年做碩士論文時開始的。第一次和導師孫玉石先生討論選題，就商定了「三十年代北平現代主義詩壇的集聚及其先鋒姿態」這個題目。當時的想法很簡單，最讓我著迷的，其實是那種如翻閱老照片般回到歷史的感覺。

從小生長在「現在時」的北京，一直對這個城市的一切懷有親近和好奇之心，尤其是她的歷史。而最令我心儀的，又是 1928 至 1937 年間「文化古城」時期的北平。時間上，它不近也不遠；內容上，它寧靜而豐富，最是撩撥我的想像。想到身邊隨處都會有一木一石，經歷和見證過那個迷人的時代，我就不禁對這個題目充滿興味與熱情。

當然，真正進入學術論文的寫作，就發現有興趣和熱情還遠遠不夠。我需要的更是理性的思考和堅實的史料。

在大量史料爬梳的工作中，有著無法言說的苦與樂。忘不了在未名湖畔的舊圖書館裏度過的無數晨昏。在發黃變脆的書頁間尋找歷史的足音，常令我相信，時間是可以穿越的，歷史就真實地流淌在自己指間。

1999 年夏天，在我的碩士論文答辯會上，陳平原先生建議我把這個題目繼續深入下去。他說，學界對上海文化史的探討已經取得很大成績，相對而言，對以北京為視角探討中國現代化進程的研究，開展得還不很充分。北京作為八百年古都，其現代化進程應該更具代表性，也更有研究價值。當時，陳先生正提倡「北京學」研究，他的主張與鼓勵，令我一進入博士階段就心無旁騖地確定了論文的選題方向。

選題的延續，更要求研究的深入和拓展，這當然是一個更高的目標，時

常令我有力不從心之感。不斷出現的相關問題的新成果,更迫使我去發掘新的材料、轉換新的視角。在緩慢的推進中,我始終把握著「前線詩人」對於「現代的」與「傳統的」、「外來的」與「本土的」詩學傳統的融合這一主線,並將之與 1930 年代北平特殊的文化環境相結合,以此貫穿整篇論文。

甘苦自知,得失當然也心中明瞭。即便經過了修改,這篇論文仍存在著不少缺陷,它們提醒著我,在今後的學術研究中需大力加強理論力度與問題意識。陳平原先生說過,「博士論文祇是一個人進入學術界的入場券」。從這個起點向前望去,是一條沒有止境的道路。

在從開題、預答辯到完成論文的整個過程中,孫玉石、陳平原、溫儒敏、錢理群、商金林、方錫德等諸位先生都給予了我極為重要的幫助與指導,同專業的師兄弟們也給了我很多溫暖的關愛。這些收穫,遠遠超出了學業的範圍。在 2002 年 6 月 8 日的博士論文答辯中,郭志剛、孫郁、解志熙等先生的肯定給予我信心,同時,他們中肯的意見更是我修改工作中的指導。

特別感謝我的導師孫玉石先生六年來對我慈愛而嚴格的指導,令我在治學和做人方面都成熟了許多。本書不僅在方法、思路上受到先生的指導與啟發,而且在材料發掘方面也得到他切實的幫助。此時,先生正在溽暑中為本書撰寫序言。

感謝陳平原先生的推薦,令這本書得以出版;感謝程光煒先生的推薦和修改建議;感謝叢書執行主編李豔輝博士寬忍的耐心與適時的鞭策。感謝責任編輯楊宗元女士認真嚴謹的工作。要感謝我的家人,沒有他們的理解、支持與鼓勵,這篇論文不可能順利完成。希望這本書的出版,能讓所有我愛和愛我的人感到一點快慰。

2003 年 7 月 21 日

修訂版後記

　　本書是在《荒原上的丁香──20 世紀 30 年代北平「前線詩人」詩歌研究》一書的基礎上修訂而成。首先感謝李怡先生的慨然邀約，讓這本十年前的小書獲得了第二次生命。

　　《荒原上的丁香》是我的博士論文。2002 年畢業後到人大任教，論文恰好也由人大出版社出版，這是我與人大的緣分。在人大這些年，在師友和學生們的督促和鼓勵中，在「學問」的道上一路跋涉，對中國新詩、「京派」文學、魯迅研究都有所關心、有所涉及。在本書的修訂和擴充中，多少體現了這一點小小的「進步」。但是畢竟，這個題目對我而言已經陳舊，所以並不想再過多地逗留，修訂的幅度因此也並不很大。題目是改了，雖然我仍鍾愛「荒原上的丁香」的美感與深意，但既然是修訂，還是多少要有個新面目，現在的題目更樸素更明晰，而且我自以為也更適合「民國文化與文學」這套叢書的題旨。

　　從「丁香」到現在，時間倏忽過去了十年，轉眼就來到了「人生的中途」。感慨的同時卻也有所安慰的是：正是走到了現在，才開始漸漸懂得了一點文學，也懂得了一點人生。我曾經自問，對於日常生活而言，文學和學問究竟意味著什麼？不把這個問題回答妥貼，我常常感到無法面對自己的工作和事業。這些年，在不斷的讀書、思考和寫作中，我漸漸為那「無用」的文學和「無用」的學問找到了一個安身的理由，那就是他們必須與我自己的心靈相關。他們可以存在於「生活」之外，甚而就應該存在於「生活」之外。與他們相比，「生活」是實在的，但卻非常狹小；而他們看似空靈，卻有著無限大的形體和分量。他們遠在生活之外，卻又近在心靈之中，而且是在內心的深處。

這好像是扯遠了。其實我想說的是，文化研究也好，文學研究也罷，說到底是必須化入自己的思想與生命，方能轉化為一種切實的力量，不僅推動繼續的前行，甚而成為生命的一部分。唯有如此，歷史的故紙堆才真正與我相關，歷史上那些偉大的頭腦與心靈，才真正能與我的心靈相互激盪。否則，我們的學問和工作就沒有意義，還遠不如修鞋補胎之類的手藝。

這些道理，十年前寫「丁香」的時候我還不懂，現在才開始有所領會。好在並不算晚，因為路還正長。

2012 年 3 月 14 夜